내겐 너무 예쁜
손님들

문주현
에세이

내겐 너무 예쁜
손님들

★★★★★
저마다의 개성을
표현하는 자유에 대하여

★★★★★
우리가 다른 우리와 어울려
다름이 사라지는 공간

★★★★★
오늘도 괜찮았어!
내일이 또 궁금해지네

트랜스젠더가 쓴 유별난 사람들 이야기가 아니라
평범한 사람이 쓴 따뜻한 사람들 이야기로 기억되기를 희망하며
모두에게 말해주고 싶은 손님 이야기

바른북스

집을 나서면 우리는 모두 손님이 된다.
식당에 가고 커피를 마시고 빵집, 호프집, 서점, 문구점, 편의점 등
어디를 가도 우리는 손님이 된다.
그저 욕구나 필요를 채우는 손님이 아니라
이왕이면 나도 좋은 손님이 되고 싶다는 그런 생각을 해본다.
이 책은 내게 기쁨과 감동을 준 소중한 손님들에 관한 이야기다.
그들을 떠올릴수록 나도 어디를 가든 좋은 손님으로
기억되고 싶은 욕심이 생긴다.

목차

1.	빛이 나는 사람들	011
2.	낯선 것에 대하여	021
3.	그녀가 아름다운 이유	029
4.	진실과 거짓말	037
5.	서두르지 마	045
6.	행복의 근원	055
7.	다양성의 경이로움	061
8.	불편한 손님	067
9.	자살을 꿈꾸는 사람들	079
10.	귀여운 진상	087
11.	아빠가 바람났어요	099

12.	웰컴	105
13.	자유의 기준	111
14.	애인 있나요	117
15.	상처는 다 쓰라린 거야	125
16.	코로나의 기억	131
17.	살아가는 맛	139
18.	슬픈 핼러윈	143
19.	그 남자의 눈물	153
20.	골든벨	163
21.	편견의 실체	175
22.	평범한 사람은 없다	185

트랜스젠더가 쓴 유별난 사람들 이야기가 아니라
평범한 사람이 쓴 따듯한 사람들 이야기로 기억되기를 희망하며
모두에게 말해주고 싶은 손님 이야기

1.
빛이 나는 사람들

날씨가 꽤 추웠다. 조금씩 눈발까지 흩날리고 있었다. 올해 첫눈이었다. 가게 문을 열고 조명을 켜고 온기가 조금 퍼졌나 싶을 때, 주미와 현아가 바로 앞에서 만났다며 함께 들어왔다. 나는 그녀들을 반기며 말했다.

"일찍 왔네, 첫눈이 와. 근데, 춥다."

주미와 현아가 패딩을 막 벗는데 자동문이 활짝 열리며 앳돼 보이는 여자 손님 셋이 떠밀리듯 들어왔다.

"와~ 언니들 반가워요~."

"저희 대구서 왔어요~."
"언니들 너무 보고 싶었어요!"

처음 보는 손님들이 들어오자마자 보고 싶었다니 의아했지만, 자리를 안내하고 나서 먼저 물었다.

"밖이 춥죠? 반가워요…. 근데, 다들 고등학생 같아. 어쩜 이렇게 명랑해요?"
"아, 저희 미성년자 아니고요. 미성년자 출입 안 되잖아요. 여기 민증 있어요. 25살 맞죠? 저희는 셋 다 고등학교 절친이고요. 자주 만나서 술 마시는데 그냥 맨날 아르바이트만 죽어라 하고 살아요."
"우리 셋 다 아르바이트 달인! 아 끔찍하다. 언니 가게는 블로그 보고 3개월 전부터 오고 싶었어요. 오니까 진짜 진짜 좋아요. 아, 우선 주문부터 할게요. 언니들도 같이 마셔줄 거죠? 그리고 말씀 편하게 하세요. 저희가 동생인데."
"우리는 언니들 보기만 해도 영광이에요. 언니, 너무 예뻐요."

그녀들은 마치 우리가 웹툰에서라도 튀어나온 것처럼 신기해하고 좋아했다.
메뉴는 이미 검색하고 미리 다 정하고 온 것 같았다. 여러 명이 마셔도 넉넉한 술을 주문하고 활짝 웃었다. 너무 무리하는 거 아니냐고 물었더니, 미리 넉넉하게 준비했단다. 기특하다! 통통하고 귀엽게 생긴 동생이 대구 억양이 섞인 귀여운 말투로 주로 말을 했고, 나머지 두 친구는 연달아 맞아요, 진짜예요, 그랬어요, 대박, 등등 쉬지 않고 추임새를 넣었다.

두 번째 테이블에 손님이 들어와서 막내 현아는 인사만 나누고 바로 그 테이블을 챙기러 갔고, 우리는 술을 마시면서 이런저런 이야기를 나누었다. 그들은 여자 상업고등학교를 나와서 제대로 된 직장을 만나기가 얼마나 어려운 건지, 정규직이 되려고 무척 애써왔지만, 번번이 수포가 되었던 이야기, 각각이 가지고 있는 비통하고 어려운 가족사, 그리고 어쩔 수 없이 해왔던 그동안의 다채로운 아르바이트들을 일일이 나열하기도 했다. 그러면서 자신들을 극한의 상황까지 몰아붙인 상사를 욕하기도 하고, 자신들을 힘든 상황에 몰아넣은 가족사를 원망하기도 했다. 그렇게 한참을 이야기하다가 셋 중에서 좀 마르고 가냘픈 동생이 문득 말을 꺼냈다.

"저희는 언니들이 진짜진짜 대단한 거 같아요. 부럽고 존경스러워요."
"아 뭐가…. 대단할 게 뭐 있다고 자꾸 그래."

주미가 말하자 서로 번갈아 나서서 답했다.

"남자로 태어나서 여자로 사는 게 쉬운 게 아니잖아요. 그런 결정을 하는 거! 자신이 원하는 삶을 살 수 있는 용기! 그거 너무 존경해요. 대단해요. 우리는 아르바이트하면서 맨날 하기 싫은 것만 하고 사는데. 우~씨."

"우리끼리 올라오기 전부터 트랜스젠더 언니들 대단하다고 맨날 이야기했거든요. 전 제가 뭘 원하는지도 모르겠어요. 그냥 하루하루 살기 바쁘고 숨이 차요. 그래도 가족들이랑 뭐 이것저것 챙기려다 보면, 또 뭐라도 해야겠고 늘 그래요. 여기저기 옮겨 다니며 아르바이트하는 것도 습관이 되는가 봐요."

"맞아요, 진짜 지겨운데, 자꾸 익숙해져요."

힘들다는 그녀들의 진심이 점점 실감 나게 와닿을수록, 가슴이 먹먹해지면서 목구멍이 막히는 기분이 들고 할 말도 싹 사라졌다. 대신, 느닷없이 전직 기자 출신의 오빠가 얼마 전에 우리한테 했던 이야기가 떠올랐다.

"너희는 말이야, 누가 뭐래도 행복한 줄 알아야 해! 왜냐하면, 인간은 하고 싶은 거 하고! 하기 싫은 거 안 할 때! 그럴 때 자유로움을 느끼고 행복한 거야. 근데 너희는 나름, 그렇게 살고 있잖아. 대부분은 자기가 뭘 좋아하는지 뭘 싫어하는지도 모르고 살아. 그런 게 현실이라고. 자기 자신과 타협하면서 온통, 타인의 관점에 맞추고 사는 데 습관이 돼서 자기의 의지를 점점 잃어버리는 거지. 근데 너희는 적어도 자신의 의지를 알고 사니까 행복한 거라고.”

그녀들이 비슷한 의미로 우리를 칭찬해 준 건 고마운데 왜 미안한 마음이 먼저 들까. 무슨 말이 위안이 될 수 있을까. 왜 자꾸 슬픈 생각이 들까. 이런 생각들이 스치며 그녀들의 얼굴을 번갈아 바라보고 있는데, 차츰, 나조차도 알 수 없는 확신이 조금씩 차오르다가 어느새 가슴 가득 채워졌다. 난 숨을 크게 들이마시고, 확신에 찬 목소리로 그녀들에게 차분하고 똑똑히 말했다.

“너희들은 빛이 나. 눈부셔. 너희가 아까 들어올 때부터 그랬어. 너희가 밝고 씩씩해서 그런지도 모르고, 너희도 모르는 힘찬 기운이 있어서 그런지도 모르지만, 내가 느낀 그 빛을 알아보는 사람이 분명히 있을 거야. 지금은 여러 가지로 힘들겠지만, 반드시 너희가 더 빛나는 날이 곧 올 거라고 난 믿어! 확신해.”

“와 정말이요? 진짜요?”
“나정 언니, 저 그냥 막 기운이 생기는 것 같아요.”
“맞아…. 뭔지 모르겠는데, 마음도 막 가벼워지는 거 같아!”

다행히 바닥까지 가라앉았던 우중충한 분위기가 조금은 밝아지는 것 같았다. 그녀들의 표정이 따라서 가벼워졌다. 힘내자며 건배하고 나니, 저절로 화제가 바뀌어서 동생들은 너 나 할 것 없이 새로 알아보는 직장과 면접, 운이 좋으면 이번에는 정규직이 될 거라는, 수입도 훨씬 나아질 거라는, 이런저런 희망찬 이야기들을 하며 기분 전환을 하고 있었다. 그때, 가게 문이 활짝 열리고 친한 게이 동생과 남자 한 명이 따라 들어왔다.

"누나들~ 나, 왔어요. 잘 지내셨죠? 여긴 내 새 애인! 지난번 애인은 나 막, 힘들게 해서, 알죠…? 나 막 짜증 났던 거…. 헤어졌어. 그래서 이 남자 새로 만났잖아. 말해 뭐해. 너무 착하고 좋은 거 있죠. 호호호. 누나들 보여주려고 한잔하러 왔죵. 어머, 손님들 앞에서 주책이 다 나. 그죠?"

아무도 아랑곳하지 않고 거침없이 이야기하는 그가 너무 신기하고 재밌다고 킥킥거리는 대구 동생들에게 주미가 우리가 좋아하는 게이 동생이라고 그를 소개했다.

"저희는 대구서 왔어요. 언니들 보려고요. 근데 반가워요. 같이 한잔해요. 언니들 그래도 되죠?"
"말해 뭐해용. 같이 마셔요. 우리 건 우리가 낼 거예요."

가끔, 처음 온 손님들이 가게에 들어오자마자 무조건 합석하려고 하는 경우가 있다. 사실, 잘 모르는 손님끼리의 합석은 되도록 안 하는 게 낫다고 생각한다. 그게 여러모로 안전하니까. 하지만 대구 손님들은 이미 두 시간 넘게 알았고, 게이 동생은 우리 단골이기에 문제없었다. 늘 에너지가 차고 넘치는 그가 나타나면 가게가 환해지고 시끌벅적해지곤 한다. 그 동생은 체격이 작고 귀여운 편인데 함께 온 애인이라는 남자는 근육질에 덩치가 있었고 다정한 미소를 가지고 있었다. 분위기는 더 밝아지고 있었다.

자리가 비좁아진 탓에 나와 주미는 술만 챙겨주고 빠져줬다. 대신 우리 가게 막내인 현아가 그들과 합류했다. 서로 비슷한 또래들이라 너무 잘 어울렸다. 하하 호호 아주 난리가 났다.

대구 동생들은 자신들의 흥미진진했던 학창 시절 이야기로 그와 그의 애인을 웃겼고, 게이 동생은 자기는 중학교 때부터 주변에 커밍아웃하기 시작한 오리지널 찐찐 게이라며 마구 자랑을 했다. 그의 애인은 아빠 미소와 큰형 웃음을 번갈아 가며 마냥 즐거워했다.

게이 동생 일행이 먼저 엉덩이 흔들러 클럽에 간다고 자리를 뜨고, 그녀들은 조금 더 우리와 이야기하다가 아쉽게 일어났다. 그녀들은 자진해서 우리 가게 홍보를 열심히 해주겠다고도 했고, 돈 많이 벌어서 다시 오겠다고도 했다. 문 앞에 모여서 이런저런 인사로 약간 어수선한 틈을 타서, 아까 우리에게 부럽고 존경스럽다고 말했던 동생이 빠르게 내 귀에 속삭였다.

"언니 저 사실 레즈비언이에요. 근데, 저 단짝 친구들도 아직 몰라요. 내려가면 저 친구들한테는 말하려고요. 이젠 고백할 수 있을 거 같아요. 히히."
"그럼, 네가 젤 먼저 여기 오자고 한 거구나!"

그녀는 대답 대신 활짝 웃었다.

가게 앞에 있는 계단을 내려가서 그녀들이 골목 아래로 사라질 때까지 바라보았다. 함께한 시간이 너무너무 행복했다는 그녀들, 우리가 원하는 삶을 살 수 있는 용기를 가졌다고 칭찬해 준 그녀들, 게이도 처음 만나봐서 신기하다는 그녀들, 이제부턴 왠지 모든 일이 잘 풀릴 것 같다는 그녀들, 내 눈엔 멀어지는 그녀들이 어두운 거리에서도 분명 빛나고 있었다. 그녀들이 정말 행복해지기를 마음속으로 기도했다.

수시로 뒤돌아 손을 흔드는 그녀들 뒤로, 첫눈이 살금살금 쌓이고 있었다.

2. 낯선 것에 대하여

"들어오기 무서웠어요…. 처음이라…."

우리 바(Bar)에 오는 손님들이 자주 하는 말이다. 그들의 성별과도 상관없이….

낯선 것은 다 두려운 것 같다. 두근두근 그만큼 흥분된다고도 말할 수 있다. 사실이다. 대부분 가게에 들어오고 조금 지나고 나면, 그제야 마음이 편안해진다고들 말하니까.

처음 가게를 시작해 보려고 했을 때, 나를 알던 사람들은 거의 다 반대였다. 무엇보다. 내가 꿈꾸는 가게의 콘셉트가 그들에겐 말도 안 되는 것이었다.

"나정아 미쳤니? 무슨 트랜스젠더가 모던 바를 오픈한다고…. 그것도 레즈, 게이, 바이, 외국인에 일반인까지 전부 환영하는 바? 말이 돼? 그딴 게 되면 벌써 됐겠지. 아무도 안 하는 데는 그만한 이유가 있는 거야. 그동안 어렵게 번 돈 다 날리려고 작정한 거 아니면 그만둬라. 언니 말 들어!"

"정말 네 편을 들어주고 싶지만, 말도 안 돼~! 누가 오겠냐고 도대체. 게이들은 게이 바 가면 그만이고 레즈비언들은 레즈 바, 나머지는 일반 바에 가지, 뭐하러 다 섞이는 데를 가겠냐고."

"나정 언니, 아무래도 그건 아닌 거 같다. 문 열었는데 아무도 안 오면 어떡해. 내가 도와줄 테니 그냥 하던 거나 하자~."

"정신 차려. 돈 가지고 장난치냐? 너 그거 안 되면, 다시 여기 와서 마담이나 해야 하는 거야. 그럼, 기분이 얼마나 거지 같겠어. 사장 하다가 다시 마담 하려면…."

거의 협박이나 방해, 적어도 악담처럼 들리는 말들을 나를 위한다며 언성까지 높이는 그들의 마음은 알 것 같았다.

나는 성인이 된 지 얼마 안 되고부터 트랜스젠더로 살았다. 직업

전문학교에서 미용을 전공하면서 미용실에서 일하고 있을 때, 나를 알아본 트랜스젠더 언니들을 통해 본격적으로 여자로 살기 시작했다. 나는 어려서부터 운동신경이 좋았고 춤을 잘 추었다. 그래서 일찍부터 태국의 알카자 쇼와 비슷한 공연을 배우고 할 수 있었고, 그 때문에 어딜 가나 대접받고 돈도 많이 벌 수 있었다.

하지만 기존의 트랜스젠더 바는, 거의 다 트젠을 좋아하는 남자 손님들을 위한 유흥업소이거나 특별한 술집을 찾는 아베크족을 위한 그런 술집이다. 나는 그게 싫었다. 매번 같은 유형의 사람들을 보고 살기에 지겨웠고, 매일 짓궂은 손님들을 대하는 게 신물이 났다. 원래 호기심이 많았던 나는 이태원을 오가는 다양한 사람들을 좀 더 알고 싶었다. 그들이 무슨 생각을 하고 사는지도 궁금했다. 그렇게 다양한 사람들과 어울리며 살고 싶었다. 되도록 평범하게, 어차피 완전한 평범함이 아닐지라도 왠지 음지에서 사는듯한 이 기분에서라도 벗어나고 싶었다.

난 한번 하려고 한 일은 꼭 될 때까지 해보려는 이상한 고집이 있다. 나 자신도 못 말리는 그런 고집이라고 해야 하나?

결국 저질렀다!
자유와 다양성의 도시 이태원에 아담한 바(Bar)를 오픈할 수 있는 가게를 덜컥 계약해 버렸다.

나는 이태원이 우리나라에서 가장 개방적이고 자유로운 도시라고 확신한다. 미군이 주둔했다는 이유도 있겠지만, 다양한 사람들을 접해왔던 이태원 주민들과 상인들은 저절로 오픈마인드가 된 것 같다. 트랜스젠더로 살아가는 나에게는 이태원이 그 어느 곳보다 자유롭고 편안하다.

I Love ITAEWON! So Much~!

그러나 사업을 한다는 건 내게 낯선 일이었다. 처음 경험해 보는 일이니까 당연히 무서웠다. 혼자라도 할 용기로 막상 계약을 마치고 나니, 날 아낀다는 사람들이 말했던 난감한 상황들이 리얼하게 상상되면서 더욱 두려웠다.

그때, 제일 믿는 친구 주미에게 연락이 왔다.
늘 뭔가를 이것저것 하면서 바쁜 주미를 며칠 전부터 보자고 했는데 오늘 시간이 난단다.

"그러니까 나정이 너는, 이태원에다가 트랜스젠더가 하는 모던 바를 열겠다는 거지? 누구나 다 편하게 올 수 있는 그런 개방적인 트랜스젠더 바를 만든다는 거잖아. 맞아?"
"맞아. 아무 제한도 없이, 타인과 타인이 어울려 우리가 되는 공간. 우리가 다른 우리와 어울려 다름이 사라지는 공간!"
"얘! 거창한 소리는 좀 작작하고, 암튼 좀 자세히 말해봐~."

주미가 물어봐서 나는 되도록 자세히 설명하고 꽤 오래전부터 해보고 싶었던 일이었다고 했다. 조금은 빠듯한 사업자금도 넉넉하게 할 겸 여러 가지로 서로 힘을 보태서 같이 사업을 하면 좋겠다고 말했다. 주미는 이야기를 들으며 진지한 얼굴로 생각에 잠기더니 이내 말했다.

"이거 완전 블루오션이야. 해본 사람이 없으니까, 경쟁이 없다는 거지. 잘되면 잘될 거고, 안되면 쪽박인데…. 그냥, 욕심 안 부리고 먹고살 만큼만 벌자는 마음이면, 그런대로 재미있을 것 같아. 엉뚱하지만 참신한 생각이네. 한번 해보자!"

나는 환호했다. 처음으로 내 생각에 찬성표를 던진 인간이 나타났고, 더해서 든든한 사업 파트너가 생긴 거니까. 그것도 제일 믿을 만한 오랜 친구가!
이런저런 논의 끝에 우리는,

"개인의 다양성을 인정하고
개방적이며 편견을 갖지 않고

저마다 자신의 개성을 표현하는
자유를 존중합니다."

라는 글을 써서, 우리 가게의 좌우명(Motto)으로 삼고 오픈을 서둘렀다.

햇볕이 화사한 4월의 봄날, 내게는 낯선 자영업 준비를 하면서 내내 알 수 없는 두려움과 흥분감에 가슴이 콩닥콩닥 뛰었다.

그게 벌써 어느덧 6년 전 일이 되었다.

지금은 그냥 '낯선 것은 새로워서 흥분되는 것뿐이다.'라는 생각을 먼저 하게 된다.

3.

그녀가
아름다운 이유

빨간 우산을 접으며 그녀가 들어왔다. 거의 180cm 정도 가까이 되어 보이는 큰 키에 날씬한 몸매, 누구나 돌아볼 만한 연예인급 미모, 압도적인 비주얼이었다. 그녀는 자주색 레인코트를 입고 있었는데 얼핏 봐도 꽤 고급스러워 보였다. 바로 뒤에 정장을 입은 준수한 남자가 검정 우산을 접으며 따라 들어왔다.

"너무 예쁜 거 아니에요? 아 기죽어. 배우나 패션모델 아니에요?"
"아우~ 아니에요. 전 그냥 호텔 매니저예요."
"그럼 함께 오신 분은 어떤 사이세요?"
"아, 저는 오늘 처음 요 앞에 재즈 바에서 만난 사이에요. 이분을 여기까지 모시고 오는 역할만 한 겁니다. 그게 다예요."

그녀가 아름다운 이유

함께 온 남자 손님이 대답했다.

그녀가 술을 시키자. 괜찮다는 그녀의 말에 아랑곳하지 않고 그 남자는 기어이 술값을 내더니, "그럼, 약속대로 바로 가보겠습니다. 시간 되실 때 문자 주세요!" 하고 즉시 일어나서 씩씩하게 나갔다. 뭐지. 이 시추에이션은? 전화번호는 미리 받았나 보네. 별일이네.

"아니, 생각보다 일찍 도착해서, 여기 오기 전에 재즈 바에 잠깐 들렀거든요. 근데 저분이 자기가 술 한잔 산다고 합석하더니, 제가 여기 언니들하고 이야기하고 싶어서 이태원 왔다니까, 자꾸 데려다만 준다고 하더라고요. 절대 귀찮게 안 하고 바로 간다면서…."

내 궁금한 표정을 보더니, 그녀가 묻지도 않은 부연 설명을 했다. 그녀의 미모라면 뭐 충분히 가능한 일이라는 생각이 자연스럽게 따라왔다.

처음이었지만 그녀는 무척 친근했다. 여기저기 검색하다가 우리 바를 우연히 발견하고는 벌써 며칠 전부터 너무 와보고 싶었다고 했다. 오늘은 일부러 월차까지 내고 택시로 두 시간이나 걸려서 왔다며 자랑스럽게 이야기했다. 토요일이니 많이 막혔을 거다. 우리 가게가 그녀에게 어떤 의미일까. 무엇이 그녀를 여기까지 오게 했을까. 무슨 말을 하고 싶은 걸까. 가게는 붐비기 시작했고 주미와 현아는 테이블을 오가며 챙기기 바빴다. 나는 그녀 앞에 딱 붙어 있었다. 멀리서 어렵게 찾아온 이유가 너무 궁금해서.

그녀는 말을 천천히 하는 편이었다. 처음엔 술을 마시고 와서 그런가 했는데 아니었다. 천천히 말하면서 수시로 배시시 웃곤 했다. 그런 그녀의 모습이 더 예뻐 보였다.

대부분 우리 바에 오는 손님들은 질문이 많다. 언제 트랜스젠더가 되기를 결심했나. 얼마나 힘들었나. 가족들 반대는 어떻게 견뎠나. 등등.

근데 그녀는 자기 이야기만 했다. 학창 시절에 키가 커서 곤란한 적이 많았다는 이야기. 지금 자기가 하는 일이 얼마나 바쁜지. 배다른 동생이 하나 있다는 것. 그 동생과 아주 사이가 좋다는 것. 그리고 친한 친구들 이야기도 했다.

우리 바에 오는 손님들은 보통 서로 쉽게 말을 놓고 편하게 대화하는 편인데, 한참 동안을 대화라기보다는 거의 그녀가 혼자 이야기하고 있어서, 나도 중간중간 그냥 말을 높여서 했다. 그녀는 술을 잘 마셨다. 마시면서, 거의 혼잣말을 하다시피 했다.

그러다가 드디어 본론이 나오는 것 같았다.

"저는요…. 여기 오면…. 꼭 하고 싶은 말이 있었어요…. 제가 31살이니까. 20년 동안, 아무한테도 말 안 한 거예요…. 20년 넘게 젤 친한 사촌 언니도 모르는 이야기에요…. 근데 여기 언니들한테는 말할 수 있겠더라고요…. 왜냐하면, 언니들은 보통 사람들이 겪기 힘든, 감당하기 힘든 시간을 지나왔을 거잖아요…. 암튼, 그런 확신이 들더라고요. 언니 술 다 마셨네요. 한 병 더 주세요."

그녀는 잠시 숨을 돌리고, 술을 한 잔 들이켜고 또, 말을 이어갔다. 나는 그녀가 말하는 게 너무 재밌고 신기했다. 술을 한 병 더 가지고 와서 앉았더니, 그녀가 말을 이어갔다.

"새엄마 이야기에요. 제 엄마가 저 11살 때 돌아가시고요…. 얼마 안 돼서…. 아빠가 바로 재혼하셨거든요. 아빠는 건설 현장 관리를 하셔서 맨날 지방으로 다니셨고, 한 달에 3~4일 정도만 집에 오셨어요…. 그런데요 언니…. 아빠가 왔다 가면, 그렇게 슬프더라고요…. 아빠가 안 갔으면 좋겠고…. 우리 집이 언덕 위에 있었는데…. 새엄마랑 아빠를 배웅하고 안 보일 때까지 손을 흔들었거든요…. 근데 딱 아빠가 안 보이면…. 울고 있는 내 한쪽 팔목을 잡고 새엄마가 저를 집까지 질질 끌고 들어왔어요~."

넋 놓고 그녀의 이야기를 듣다가 정신이 번쩍 들었다.

"그래서! 그래서 어쨌는데요!"

"무릎 꿇고 앉으라 해서, 앉고 나면…. 울지 말라고, 뚝 그치라고…! 근데 언니, 알죠? 그땐, 그게 잘 안되더라고요…."

"그래서, 뭘 어떻게 했는데요?"

"바늘하고 실 가져오라고…. 그래서 가지고 오면…. 제 한쪽 눈을 꿰맸어요…. 제가 울음을 그칠 때까지…."

그녀는 오른쪽 아래위 눈꺼풀을 함께 잡고 앞으로 당기며 이야기했다. 기가 막혔다. 믿어지지도 않았다. 뉴스에나 나올법한 일 아닌가? 그런 내게 그녀는 아직도 바늘자국이 있다며 오른쪽 눈을 가까이 들이밀었다. 자세히 보니, 정말 하얗게 아래위로 작은 상처가 있었다.

나는 그녀의 어린 모습이 상상됐다. 눈물을 그치지 못하고 울고 있는 그녀의 얼굴이 떠올랐다. 그녀를 질질 끌고 들어와 성을 내며 눈을 꿰매는 새엄마도 보였다. 한쪽 눈이 꿰매진 채 서러움을 참는 11살 그녀가 보였다. 아무 말도 할 수 없었다. 나는 잠시 눈물을 참다가 갑자기 분노가 솟아올랐다.

"아니, 도대체 그 여자가 몇 번이나 그런 거예요?"

"세 번. 딱 세 번 그랬어요!"

"그리고 나서는, 그럼 정신을 차린 건가?"

"아니, 그건 아니고요…. 제가 더 이상 안 울었어요! 눈물이 안 나오더라고요. 신기하게…. 언니, 막상 이야기하고 나니까 별일도 아닌 것 같아요…. 그래도 여태껏 아무한테도 말 안 했어요…. 말하기 싫더라고요…. 근데, 말하고 나니까 나 속이 너무 시원해요. 목구멍에 막혀 있던 뭔가가 쑥 내려간 거 같아요…. 숨이 막 쉬어지는 것 같아요. 아 정말, 좋다!"

점점 더 기가 막혔다.
거꾸로 꾸물꾸물 올라오는 분노를 억지로 누르며 화난 목소리로 물었다.

"그럼, 도대체 그 새엄마란 여자는 지금 어디서 어떻게 살아요? 그러고도 살아는 있나…?"
"언니! 제가 새엄마…. 그냥 아빠랑 모시고 살아요. 아빠도 이젠 일 안 하시고 쉬고 계시고…. 제가 월급도 많고 주식도 하고 돈 많이 버니까. 뭐, 별로 부담도 안 돼요."
"아니, 그게 돼? 그런 여자랑 어떻게 같이 살고 있어…. 아직도!"
"에이~ 언니, 제가 초등학교 5학년 때부터 키가 훌쩍 커서 중학교 때부터는 저한테 꼼짝도 못 했어요…. 불쌍하잖아요…. 그리고 아빠는 이런 일, 꿈에도 모르니까…. 아빠는 새엄마가 세상 제일 착한 줄 안다니까!"
"그럼, 뭐 새엄마한테 복수 같은 거 한 적은 없나…?"

"아유~ 언니, 막장 드라마 많이 봤구나! 히히. 그런 거 없어요. 그냥, 저도 어른이 되니까…. 한편으로는 새엄마도 그때 나만큼 슬프고 힘들었겠다…. 그런 생각도 들더라고요."

그녀의 미소가 잘 익은 레몬처럼 싱그럽고 상큼하게 느껴졌다. 예쁜 그녀가 거룩해 보였다. 그녀의 자주색 레인코트가 신비한 나비의 날개처럼 보였다.

비는 잦아들었다. 이태원에서 꽤 먼 곳에 사는 그녀의 택시는 쉽게 잡혔다. 그녀가 택시 창문을 열고 손을 흔들며 싱싱한 미소를 보이고 떠난 후, 아직도 젖어 있는 빗길엔 자동차 타이어가 칙칙 스치는 소리가 들렸고, 그 소리가 가슴속을 할퀴는 눈물처럼 쓰라리게 들려왔다. 나도 모르게 한숨을 길게 내쉬었다.

그녀가 누구에게도 하지 않았다는 이 이야기를 쓸까 말까, 한참을 고민했었다. 하지만 난 그녀의 비밀을 말한다기보다는, 너무나도 우아하고 아름답게 성장한 그녀를 알리고 싶었다. 그게 마치 내 의무처럼 느껴졌다.

어차피, 그녀와 그녀의 새엄마 외에는 아무도 그녀의 이야기인지 모를 테니까.

4.
진실과 거짓말

"누나 근데, 진짜 몇 살이에요?"

"나 낼모레 900살!"

"아, 뭐야 정말."

"정말이야. 나 여우야. 꼬리 8개! 900살 되면 이제 꼬리가 9개 될 거야."

"기가 막힌다. 정말! 동화책 써? 완전 구려."

"뭐가~ 너도 낼모레 100살이야. 의미 없다고! 나이가 뭔데? 너 나랑 결혼할래?"

"뭔 갑자기 결혼?"

"나랑 결혼할 거면 그때, 호적 깔게!"

우리 손님들이 나이를 물어보는 경우는 호칭을 정하기 위해서다. 빨리 호칭을 정하고 언니 동생 하든가, 누나 동생을 하든가 할 수 있으니까. 그리고 말은 거의 다 편하게 한다. 그게 너무 자연스럽고 좋다.

하지만 나이를 정확히 밝히는 건 그리 즐거운 일이 아니어서 늘 돌려서 말하다가 상대의 나이를 묻고 난 후에 내가 누나인지 언니인지 아니면 동생인가만 알려줄 때가 많다. 외국 손님들은 거의 나이를 따지지 않아서 좋다. 다 친구처럼 지내면 되니까.

사실, 나이가 정말 중요하다는 생각이 들지 않는 이유는 손님들을 접하면서 나이가 어려도 성숙하고 어른스러운 사람을 많이 보고, 나이가 많아도 무척 젊게 사는 사람들이 있기 때문이다. 물론, 철없는 사람도 가끔 있지만.

두세 번 왔던 동생과 나이를 두고 이런저런 농담을 하며 가벼운 마음으로 술을 마시고 있는데 젊은 남자 손님이 혼자 들어왔다. 주미와 현아를 그 자리에 남겨두고, 내가 새로 온 손님을 맞이했다.

"제가 이것저것 답답하다니까, 전에 여기 왔었다는 절친이 꼭 가보라고 해서 와봤어요."
"한잔 마시고 기분이라도 풀라고요?"
"그냥, 가보면 도움이 될 거라던데요."
"뭐가 그렇게 답답해서 그래요?"

지방에 산다는 그는, 서울에 와서 친구들 만나고 일부러 일찍 헤어져서, 제일 친한 친구가 말해준 이곳을 찾아왔다고 했다. 27살이라는 그는 자신이 게이라고 밝히며 자신의 아버지는 나름 지방 유지이고 빌딩도 몇 개나 가지고 계셔서 늘 넉넉하게 별 어려움 없이 자라서 별 어려움 없이 취직하고 잘 살고 있는데, 문제는 자신이 게이인 줄 모르시는 아버지가 빨리 결혼해서 자식을 두라고 난리를 치신다는 거였다. 막상, 자신은 4년을 사귄 사랑하는 애인이 있는데 말이다. 우리는 서로 간단하게 인사를 하고, 말을 편하게 하기로 하고, 본격적으로 대화를 시작했다. 그는 시종일관 솔직하고 진솔하게 말했고 어느 모로 봐도 가볍게 느껴지는 사람은 아니었다. 그래서 내가 대신 가벼워지고 싶었다. 그의 기분이라도 가벼워질 수 있도록….

그가 하던 말을 이어갔다.

"결혼만 하면, 16층짜리 빌딩을 상속해 주신대요."
"와 우~ 좋겠다."
"근데 전 그딴 거, 다 필요 없어요."
"정말? 금수저로 너무 여유롭게 살아만 봐서 그런 소리 하는 거 아니야?"
"아니에요, 저 직장에서도 나름 잘나가고 돈 잘 벌어요."
"그럼, 여기 오는 손님 중에 믿을만하고 괜찮은 레즈 손님하고 위장결혼 하면 되겠다. 소개해 줄게. 서로 윈윈 아닌가? 결혼하면 16

층 중에서 한두 층 주기로 약속하고!"

"누나~ 그건 제가 사랑하는 사람에게 정말 못 할 짓이죠! 전 그 사람에게 그렇게는 못 할 거 같아요."

"아니, 뭐 말이 그렇다는 거지…. 누가 하래?"

아차, 가볍게 나가는 작전은 실패했다. 그냥 자연스럽게 대하는 게 낫겠다는 생각으로 그를 대하기로 했다.

그는 상황이 그렇게 힘들다며 자기가 커밍아웃하면 불같은 성격의 아버지는 바로 혈압으로 쓰러지실 게 뻔하다고 했다. 이야기를 들어보면 들어볼수록 고민이 되기는 되겠다는 생각이 들었다. 하지만, 뭐 뾰족한 대책이 떠오르지도 않았다.

"아우~ 너무 힘들겠다. 나라도 너무 힘들 거 같네. 어떡하냐, 정말…."

그는 휴대폰에서 펀드매니저를 하는 자기 애인이라며 사진 수십 장을 보여줬다. 그도, 그의 애인도 참 반듯하고 잘생기고 멋지다는 생각이 들었다. 그는 사진 한 장 한 장마다의 사연과 장소를 일일이 설명하며, 그와 함께 얼마나 많이 사랑하고 행복했는지 떠올리고 있었다. 그가 외국 출장 중이 아니었으면 아마 함께 왔을 거라는 이야기를 하며, 애인을 떠올리는 그의 얼굴은 무척 행복했다. 나는 한 편의 게이 영화를 감상하듯이 긴 시간 동안 그가 보여주는 사진을 보면서 그의 설명을 들어주었다. 그는 그것으로도 만족해했고, 다시 한번 자기의 행복을 확인하고 편안해진 얼굴로 갔다. 하지만, 나는 마치 해결하지 못한 미제 사건 같은 생각이 들어서 찜찜했다.

며칠 후 친한 레즈비언 동생이 왔을 때 그의 이야기를 자세히 해주며 말했다.

"아, 글쎄 그런 일도 다 있더라고, 내가 너 소개해 줘서 네가 빌딩 한 층이라도 얻어 편안하게 살면 좋겠다는 생각도 잠깐 했는데…."
"나정 언니, 그거 다 개 뻥이야! 걔가 그냥 여기 와서 폼 잡고 부자인 척한 거야."
"얘! 그걸 네가 어떻게 알아? 얘가 본 적도 없는 사람을 이상하게 생각하네…."
"그냥, 촉이 와. 촉이!"
"너 뭐 게이한테 유감 있니? 왜 이렇게 부정적이야~ 너답지 않게!"

그러고도 한두 달쯤 지난 것 같다.
예전에 왔던 반가운 얼굴이 가게로 들어왔다.

"누나, 오랜만, 반가워~."

"아, 너, 그래 오랜만이네…."
"참, 전에 대학교 동창인 내 게이 친구 여기 왔었다는데 기억해? 그 돈 많은 집 아들!"
"아 그래, 그 친구를 네가 여기 오라고 했구나!"
"응 맞아. 여기 와서 무척 좋았다던데?"
"그래? 다행이네. 별로 뭐 해준 것도 없는 것 같은데…."
"그 친구, 애인이랑 외국 갔어. 얼마 전에. 둘이 동거하면서 잘 살고 있어."
"아~ 정말, 잘됐다. 너무 반가운 소식이네!"

진실이 중요하다고 모두 말하지만,
수많은 진실과 거짓말 속에서 우리는 무엇이 진실인지 모를 때도 있고,
몰라도 될 때도 있고,
모르는 체하는 게 현명할 때도 있으며,
때로는 거짓말이 진실보다 위대해질 수 있다는 생각이 드는 건 왜일까.

아이러니한 사실은, 우리가 믿으면 거짓말도 진실이 된다는 것이다. 우리가 믿지 않으면 진실도 거짓말이 된다는 것이다. 그렇다면, 거짓말도 진실만큼 중요한 것 아닐까 싶은 거다.

진실과 거짓말이 경솔함이 되지 않기를,

진실과 거짓말이 누군가에게 상처가 되지 않기를,

진실과 거짓말이 약이 되기를,

그리고 그런 세상에서 내가 너무 가볍지 않기를,

그렇다고 너무 무겁지도 않기를,

그러나 때로는 가볍고,

때로는 무거울 수도 있기를,

나는 기도해 본다.

5.

서두르지 마

"가슴속에 불덩이가 들어 있는 것 같아요. 소화도 잘 안돼요!"

게이 손님 두 명이 왔는데, 지난번에 왔던 동생이 커밍아웃하고 싶다는 친구를 데리고 온 거다. 새로 온 그가 가게에 온 지 5분도 안 돼서 답답하다며 한 이야기다. 병원도 아닌데 마치 환자를 진찰하는 기분이 들었다.

"언제부터 그랬는데?"
"한 석 달 전부터요. 제가 게이로 살겠다고 결심하고 나서부터요. 결심한 건 석 달 전이지만, 고민은 어려서부터 했죠. 막상 결심하고 나니까. 하루하루가 숨 막힐 것 같아요. 차라리 부모님께 쫓겨나더라도 커밍아웃하고 싶어요. 더 이상 저 자신을 속이고 싶지 않아요."

"부모님이 조금이라도 눈치채고 계셔?"

"전혀요! 제가 그래도 부모님 말씀 잘 듣고 모범생으로 자랐거든요."

"그럼, 너 참 이기적이다."

"네? 그게 무슨…"

"너 커밍아웃하고 마음 후련하게 살겠다고, 부모님은 어떻게 되시든 상관 안 하겠다는 거야? 네가 커밍아웃하는 그 순간부터 부모님은 지옥에서 사시는 것처럼 괴로우실 수도 있다는 생각은 안 해?"

"그럼, 어쩌라고요~ 계속 속이고 살 수는 없잖아요."

"그건 속이고 사는 게 아니라 가까운 사람들을 배려하는 거야. 서두르지 말라고!"

우리 가게에서 처음 있는 일도 아니다. 솔직하게 사는 게 옳은 거 아니냐며 무조건 커밍아웃을 서두르는 동생들에게 여러 번 한 이야기다. 적어도 가족들이 어느 정도 받아들일 수 있는 마음의 준비가 되었다고 느낄 때 해도 늦지 않을 테니, 속이는 게 아니라 배려라고 생각하고 시간과 정성을 들인 다음에 커밍아웃하라고 말해 준다. 커밍아웃하고 나서도 가족들이 이해하고 받아들이기까지 얼마나 시간이 더 걸릴지는 알 수 없다. 비교적 빠르게 받아들이는 일도 있지만 그건 오히려 특별한 경우이고, 대부분 적어도 몇 년의 시간이 걸린다. 하지만, 서둘러서 커밍아웃하면 충격도 더 크고, 오히려 이해하기도 힘들어지게 되는 경우가 많다. 사실, 나는 이런 말을 할 자격이 없는 사람인지도 모른다. 커밍아웃의 개념조차 모를 때, 나는 그저 내가 원하는 모습으로 살고 싶다는 생각으로 두 번이나 가출하고 가족들 속을 썩였으니까. 하지만 어쩌면 그렇기에 나는 그들이 나와 같은 실수를 하지 말라고 말할 수 있는 자격이 또한 있는지도 모르겠다.

아무튼, 내 설명을 진지하게 듣던 그가 말했다.

"그 말이 맞는 것 같네요. 제가 좀 성급했던 것 같아요."

역시 쿨한 MZ 세대다! 자기주장이 뚜렷하지만, 반대의견도 이해되고 나면 빠르고 유연하게 받아들이고 변화한다. 잠시 생각에 잠긴듯하다가 그가 물었다.

"근데 힌트를 어떻게 주죠?"
"아 그거야 운동선수 포스터를 사방 붙여놓든가. 게이 잡지를 여기저기 발견되게끔 숨겨놓든가 하면 되지! 그리고 TV를 보다가 슬쩍 여자 주인공보다 남자주인공이 연기도 잘하고 더 끌린다는 멘트도 수시로 막 날리고~."

그를 데려온 친구가 신나서 대신 답했다. 그는 절친한 자기가 이런저런 말을 아무리 해줘도 별로 효과가 없을 것 같아서 일부러 여기로 데려왔다고 했다.

우리는 조금 더 이런저런 이야기를 하며 편안하게 술을 마셨다. 술을 다 비우고 그가 자리에서 일어날 땐, 자기 가슴속에 있던 불덩이가 좀 가라앉은 것 같다고, 편해졌다고, 고맙다고 이야기하고, 가벼워진 발걸음으로 떠났다.

어릴 적부터 트랜스젠더가 되고 싶었다던 동생이 있었다. 한 2년쯤 아무 연락이 없다가, 내가 가게를 개업하고 6개월쯤 됐을 때 불쑥 전화하더니 자기도 함께 일해보고 싶다고 가게로 찾아왔다. 예전보다 많이 여성스러워진 모습이었다.

"도대체 2년간 뭐 하고 지낸 거야?"
"언니, 저 호르몬 치료만 하면서 완전 히키코모리로 지냈어요."
"히키코…. 그게 뭐야?"
"은둔형 외톨이! 2년 동안 집에만 있었어요. 저 집 앞에 편의점도 안 갔어요. 동생 시키고."
"으이구~ 그게 자랑이냐."
"암튼, 저 열심히 일할 테니까. 저 일 좀 시켜주세요."

일단, 일주일간 일을 함께 해보고 정하기로 했다. 그녀는 덩치가 큰 편이었는데 집에만 있어서 그런지 살이 많이 쪄 있었다. 하지만 귀여운 얼굴과 밝은 미소가 꽤 푸근하고 다정한 느낌을 주었다. 막상 일을 해보니 도대체 저런 애가 왜 집에만 있었는지 궁금할 정도로 눈치 빠르게 일을 잘했다. 손님들도 그녀가 밝고 다정하다며 무척 좋아했다. 일을 하면서 살도 조금씩 빠지기 시작했다.

"너 왜, 뭐 하러 은둔하고 지낸 거야?"
"엄마랑 2년간 전쟁 중이었죠, 뭐."
"2년씩이나? 여자로 살겠다고?"
"네. 결국 전쟁에서 제가 승리하고 엄마가 '네가 원하는 대로 살아라.'라고 해서 여기 나온 거예요. 호호."
"남동생은 뭐라 안 해?"
"걘 뭐 어릴 적부터 내 꼬붕이었으니까 시키는 대로 다 하는데, 아직 누나라고는 안 하더라고요."

어릴 적에 엄마하고 이혼하고 새살림을 차린 아빠와는 연락을 전혀 안 하고 산다고 했다. 외할머니가 부자여서 엄마한테 갈빗집을 하나 차려줘서 이제껏 그 가게에서 번 돈으로 어렵지 않게 살아왔다고도 했다. 남자만 둘인 집에서 장남인 본인이 여자로 살겠다고 하니까 엄마의 충격은 말할 수 없이 컸고, 미쳤냐며 소리 지르고 난리 치시면 문 닫고 죽어버리겠다며 단식투쟁을 하곤 했단다. 그렇게 싸우면서 2년이 지나갔다고. 결국, 원하는 대로 살기로 하고 휴전을 한 상태라고 했다.

"어머님이 얼마나 힘드셨을까? 너 때문에. 이휴~."
"그래도 엄만 8년 된 남자친구가 있어서 서로 의지하고 잘 지내세요."
"그건 그거고, 암튼, 잘해드려. 그만 속 썩이고! 어머니 가게 일도 돕고 좀 그래라."
"에이, 언니도 처음 여자로 살려고 했을 땐 뭐, 장난 아니었다면서요?"
"그러니까, 너라도 잘하라고!"

왕복 출퇴근만 거의 세 시간이 걸리는 거리를 그녀는 기특하게도 한 번도 늦거나 안 나오는 적이 없었다. 거리가 멀어서 격일제로 나왔지만, 시간이 흐를수록 왔던 고객들은 그녀가 안 보이면 꼭 물어볼 정도로 그녀는 손님들에게 친절하고 다정했다. 나와 주미도 그녀가 참 든든하고 대견했다.

6개월쯤 꾸준히 출근하던 그녀가 어느 날 출근하자마자 호들갑을 떨었다.

"언니, 우리 엄마가 언니랑 전화 통화 하고 싶대요. 제가 그동안 자랑 엄청나게 했거든요. 우리 가게 블로그 사진들도 많이 보여주고 가게에서 재밌었던 일들도 수시로 이야기해 주고…. 암튼, 엄마가 언니 덕분에 은둔형 외톨이에서 벗어난 줄 알고 계세요. 사실 뭐 맞는 얘기고."

그녀가 전화를 연결하고 바꿔주었다.

"여보세요. 어머니, 전화 바꿨어요. 안녕하세요!"
"아…. 네…. 우리 애한테 이야기 많이 들었어요…."

그 목소리가 떨리고 있었다. 그리고 아무 말도 하지 못하셨다. 수화기 너머로 흐느낌만 들려왔다. 가끔 억억거리는 소리가 들릴 정도로 참으려 해도 참을 수 없는 울음소리였다. 그 흐느낌은 슬프다기보다는 서러움과 고마움이 섞인 그런 울림이었다. 이내 큰 숨소리가 몇 번 들리더니 말씀하셨다.

"우리 아이가 덕분에 많이 밝아졌어요…. 고마워요…."
"아이 뭐 별로 한 것도 없는데요. 워낙 착하고 영리해서 사람들도 다 좋아해요. 어머니 그동안 맘고생 많으셨죠? 아무 걱정하지 마시고 맘 편히 지내세요~."

"고마워요…. 고마워요."

전화를 끊고 나서야 그녀의 흐느낌이 더 이상 들리지 않았다. 나는 동생을 째려보면서 말했다.

"어이구~ 너 진짜진짜 좀 잘해드려라. 알겠지?"

그녀는 아무 말썽 없이 우리 가게에서 1년이 훨씬 넘게 일했다. 그녀는 차츰 엄마가 자신을 진심으로 이해하기 시작했다며, 이제는 수시로 함께 화장품과 원피스를 쇼핑하러 다니기도 하고, 자신도 가끔 엄마 가게 일도 도와드리고 한다고 했다.
어느 날 그녀는 신나는 얼굴로 와서, 그녀가 간절히 원했던 성전환 수술을 엄마가 해주기로 약속했다며 기뻐했다. 결국, 그녀는 수술을 마치고, 6개월이 넘는 재활을 하고 살도 다 뺐다. 그 이후 호적정정까지 다 끝내고, 지금은 본인이 잘하고 좋아했던 애니메이션 공부를 하며 고립 청년을 돕는 봉사활동까지 할 정도로 왕성하게 나름대로 의미 있는 나날을 보내고 있다.

이제, 그녀는 얼굴을 보러 왔다며 어쩌다가 가게를 찾아온다. 놀러 왔다가도 가게가 바쁘면 팔을 걷어붙이고 설거지를 돕고 손님들도 챙겨주다가 가는 그런 손님이 된 것이다.

6.
행복의 근원

"언니는 언제 행복해요?"
"글쎄. 막상 행복이라고 말하니까. 잘 안 떠오르네."
"그럼, 언제가 제일 좋아요? 뭐 할 때?"
"뭐, 실컷 잘 때? 휴대폰 볼 때?"

나는 행복하냐는 질문을 우리 가게 오는 손님들에게 많이 물어본다. 그러고는 너무나 많은 사람이 행복하지 않다고 말하는 것을 듣고 놀라고 또 놀라게 된다. 아니, 행복이라는 단어 자체도 부담스럽게 느끼는 사람들이 많다. 심지어는, 행복이란 단어는 자신과 아무런 상관도 없는 듯 생각하는 사람들도 있다.

내가 좋아하는 손님 중에서 춘천에 사는 오빠가 한 명 있다. 서울에 일이 있어서 올 때면 늘 우리 가게에 들러서 넉넉하게 마시고 즐겁게 지내다 가는 그는, 말하기를 좋아하는데 들어서 도움 되는 이야기도 많고, 평범한 이야기도 재미있게 잘해서 지루한 적이 없다. 그에게 물었다.

"오빠, 언제 행복해?"
"난 뭐, 대부분 행복해."
"오~ 대박! 처음이야 그렇게 말한 사람! 그게 가능해?"
"너 행복이 어디서 오는지 알아?"
"몰라. 어디서 오는데?"
"행복은 행복하지 않음에서 오는 거야. 우리가 만약 365일 행복 속에 산다면 행복의 개념 자체가 사라져. 뭐가 행복인지 구분할 수 없어지지. 이해돼?"
"응. 잘 이해돼."
"그래서 행복이 행복하지 않음에서 온다는 것을, 정말 제대로 완전히 이해하면, 행복하지 않을 때도 행복할 수 있는 거야. 행복하지 않은 시간이 행복을 만들어 가는 시간이니까. 실제로 정말 행복하다고 느끼는 순간이 오면, 사람은 본능적으로 이해하게 돼. 자신이 지나온 아픔, 슬픔, 고난이 없이 그러한 순간이 오는 것은 불가능했다는 것을. 그래서 너무 행복한 순간에는 지나온 시간이 한꺼번에 떠오르면서 왈칵 눈물이 쏟아지는 거야."

"멋지다!"

"나는 무조건 돈이 많거나 똑똑하거나 인기가 많은 사람이 성공한 사람이 아니라, 행복한 사람이 성공한 사람으로 인정받는 그런 세상이어야 한다고 생각해. 그러면 이 세상이 지금보다 훨씬 좋은 세상이 될 거야. 물론, 행복하기 위해서는 기본적으로 삶에 대한 이해와 존경심을 갖고 돈도, 건강도, 일도, 어느 정도는 골고루 갖추고 있는 상태여야 가능하겠지. 그러니까, 부족함 없이 여러 측면을 다 가지고 있는 사람이 행복한 사람이기도 할 거야. 근데 그게 정말 성공 아닐까? 안 그래?"

"오빠 말 다 이해했고, 전적으로 동감이야! 근데, 가끔 안 행복할 때는 언제야?"

"뭐, 내 맘대로 안 될 때?"

"그럴 땐, 어떻게 해?"

"되게 하려고 노력하면서, 그 과정을 행복하게 생각하지."

"오~호."

세상 사람 모두가 날 보고 행복하다고 말한다고 해서 내가 행복해지는 게 아니라, 내가 행복하다고 느낄 수 있을 때 행복한 거다. 마찬가지로 다른 모두가 날 보고 불행할 거라고 이야기해도 내가 행복하게 느낄 수 있다면 행복한 거다. 하지만, 타인의 시선을 지나치게 의식하는 우리는 자기 행복을 스스로 충분히 저울질해 볼 정도로 마음이 여유롭지 않다.

행복과 불행은 대부분 그렇게 자신의 처지를 스스로 어떻게 판단하느냐에 달려 있다. 지금, 이 순간의 내 상태를 규정짓는 건 다름 아닌 나 자신이다. 사실, 이 세상 그 누구도 대신할 수 없다. '나'라는 존재는 그만큼 위대하다.

나는 내 삶의 여러 측면을 골고루 다듬으면서, 오늘보다 조금이라도 더 내 마음에 드는 나, 더 행복한 나를 만들어 갈 것을, 다시 한번 다짐해 봤다. 그리고 나도 성공한 사람이라며 스스로 나를 칭찬해 줘야겠다.

나는 오늘 느끼고 이해된 내용을 오래도록 남기고 싶어서 노트에 메모했다.

행복해지는 선택은
늘 가장 옳은 선택이 된다고 믿는다
누구에겐가 자문을 얻을 때는
성공한 사람 말고 행복한 사람에게 물어봐야겠다.

그러면 나는 분명 행복한 성공을 하게 되리라.

7. 다양성의 경이로움

"누나, 저도 원래 여자였어요."

남자인 줄만 알았던 그가 웃고 떠들던 중에 불쑥 한 말이다.

"정말? 우리 가게에 FTM이 여러 명 오기는 했는데 정말 몰랐네!"

남자에서 여자로 성전환하는 경우는 많지만, 그 반대는 오히려 적은 편이다. 지난번에는 일본 영화감독이 통역과 함께 왔었는데, 그도 FTM이라고 했다. 그 감독은 아주 약간 표시가 났었다. 그런데 이 사람은 정말 남자인 줄만 알고 30분 넘게 떠들고 있었던 거다. 덩치도 듬직한 데다가 진한 콧수염과 굵은 목소리, 어딜 봐도 남자였다.

본인이 말하지 않으면 아무도 알아차리지 못할 거 같았다. 그는 남성 호르몬을 오래도록 맞다가 가슴 절제 수술도 끝냈고, 이제는 마지막 성전환 수술만 하면 된다고 했다. 수술 날짜도 잡혀 있다고.

"성공했네! 아니 누가 여자였다고 생각하겠어?"

내가 놀라고 있던 그때, 우리 가게에 여러 번 놀러 왔던 게이 동생 세 명이 찾아왔다. 반갑다며 인사를 하고, 주문받고, 주미에게 좀 챙기라고 이야기하는데, 이번엔 내가 좋아하는 레즈비언 커플이 들어오면서 반갑게 인사했다.

"언니~ 잘 지냈어? 보고 싶었어. 흑흑."
"바빠서 오랜만에 오게 되네요. 언니들 다 잘 지냈죠?"
"아유, 둘 다 너무 반가워! 궁금하더라. 둘 다 예뻐졌네. 레이저나 뭐 했어?"

기분이 막 좋아지고 있었다. 가게가 밝고 화사한 기운으로 가득한 느낌이 들었다. 처음엔 우리 가게에 궁금해서 왔다가 이제는 그 어디보다 편안해서 오게 된다는 손님들이다. 가게를 가득 메우는 음악까지 더 경쾌하게 들렸다.

그때 외국인 두 명이 들어왔다. 한 명은 자신이 브라질 스트립 댄서라며 들어오자마자 자랑스럽게 자기소개를 했고, 다른 한 명은 싱가포르에서 왔는데 오늘 둘이 처음 만났다고 했다. 브라질 스트립댄서라는 그가, 들어온 지 얼마 안 되고부터 음악에 맞춰서 웃통을 벗으며 춤을 추는 바람에 주미와 현아와 내가 쫓아다니면서 말렸다. 다른 손님들은 모두 좋아하고 환영했다. 아무리 말려도 그는 수시로 음악에 맞춰서 웃통을 천천히 벗으며 춤을 추었다. 일반 커플 한 팀이 더 들어오고 가게가 꽉 찼다 싶었는데, 그때 그녀가 들어왔다.

"와~ 언니, 여기는 정말 다양성의 성지야! 경이롭다 정말. 여기 아니면 어디서 이렇게 다양한 사람들이 함께하겠어. 안 그래?"
"다양성의 성지는 좀 부담스럽고, 아무튼 오늘 좀 신기하게 다양한 사람들이 모여 있기는 하네."

우리 가게에 왔던 수많은 손님 중에 내가 가장 좋아하는 손님을 차례로 떠올리면 맨 처음 그녀가 떠오른다. 그녀는 자칭 범성애자다. 그녀는 자신을 사랑해 주고 자기도 좋아하는 사람이면, 누구나 사랑할 수 있다고 늘 말한다.

28살에 외국인 회사에서 직장생활을 할 때 우리 가게에 처음 왔는데, 벌써 그녀는 31살이 되었고 지금은 직접 회사를 차려서 돈도 엄청나게 잘 버는 어엿한 사장님이 되었다. 누가 봐도 똑똑하고 세련되고 매력적인 그녀는 늘 사람들의 시선을 끈다. 말을 아주 거침없이 하는 타입인데, 아무리 술에 취해도 절대 실수하거나 도가 지나친 말이나 행동은 하지 않는다.

영어와 스페인어가 거의 원어민 수준인 그녀는 주로 외국인들과 함께 놀러 올 때가 많은데, 오늘은 그냥 머리도 식힐 겸 혼자 들렀다고 했다.
자그마한 가게가 나름 꽉 차서, 그녀와 난 바 테이블에 둘이 앉아 이야기를 나누었는데 갑자기 그녀가 내 두 손을 살며시 잡으면서 말했다.

"언니, 언니랑은 아주 오래도록 지금처럼 편하게 지내고 싶어. 둘 다 쪼글쪼글 늙어서 이빨이 다 빠지고 그래도."
"응, 그래 그러자. 당연하지."
"그리고 언니, 가끔 힘들겠지만, 이 가게 오래오래 하면 좋겠어."
"왜?"
"나는 이 가게가 정말 좋아. 이 느낌이, 이 사람들이, 그리고 언니가."
"무슨 말인지 알겠어. 오래오래 할게."
"언니는 늙어서 이빨이 다 빠져도 귀여울 거 같아. 히힛~!"

나를 귀엽게 봐주는 그녀가 고마웠다. 나만큼 이 공간을 아껴주는 그 마음도 좋았다. 부드럽고 따듯한 그녀의 음성은 언제 들어도 기분이 좋다. 내 마음이 난롯가에 앉은 것처럼 따듯해졌다.

다른 손님들이 보면 바 테이블에 둘이 앉아서 손을 잡고 사랑의 속삭임을 하는 것으로 보였으리라. 하지만 우리 가게에 오는 개방적인 손님들에게 그 정도의 장면은 관심거리조차 아닐 정도로 자연스러운 풍경일 뿐이다.

가게를 가득 메운 손님들의 목소리가 술이 들어가서 그런지 점점 더 커지고 있었다. 조명이 사방으로 빛나며 반짝거렸다. 다양한 사람들이 모여있는 이 공간이 무지갯빛으로 채워지는 기분이 들었다. 다양성의 성지라고 추켜세우며 나와 내 가게를 소중하게 생각해 주는 그녀의 얼굴이 오늘따라 무척 아름다워 보였다.

다양한 사람들이 모일 수 있으면, 우리는 더 다양한 일들을 해낼 수 있다고 나는 믿는다. IT업계 다니는 동생이 일전에 말해줬는데, 실제로 다양한 사람들이 모이면 똑똑한 사람만 모인 집단보다 훌륭한 결과가 나온다는 연구 결과도 있다고 한다. 어쩌면 다양성은 창조성과 유연한 사고를 키우는 중요한 기본이 아닐까.

나와는 다른 사람을 이상하게 생각하는 세상이 아니라 재미있게 생각하는 세상이면, 참 좋겠다고 생각했다. 그리고 이왕이면 그게 우리나라면 더 좋겠다.

8.

불편한 손님

비틀거리며 한 남자 손님이 들어왔다. 나이는 50대 후반쯤으로 보였는데 안내도 하기 전에, 빈자리에 털썩 앉았다. 막내 현아가 주문받으려고 다가갔는데 대뜸 그가 자기 무릎을 툭툭 치며 현아에게 말했다.

"귀엽네. 너 여기 와서 앉아봐라."
"싫은데요."

이제 22살인 현아가 특유의 단답형으로 대답했다.

"아 손님이 오라면 와야지~ 아, 이리 와봐!"

퀴어퍼레이드를 참가하고 바로 왔다는 자매 손님과 옆자리에서 깔깔거리며 즐겁게 이야기하던 내가, 재빨리 일어나서 현아를 가로막고 섰다.

"손님, 여기 유흥업소 아니에요. 많이 취하신 것 같은데. 그냥 가주세요."
"뭐야? 그럼, 지금부터 유흥업소 해! 그럼 되잖아. 술 비싼 거 시켜줄게."

이런 무식하고 막돼먹은 소리는 첨 들어본다. 정작 그는 기발한 대꾸를 했다고 생각했는지 즐겁게 웃고 있었다. 정말 어처구니가 없었다.

"가시라고요~ 안 판다고요! 옆에 손님들도 계신대. 자꾸 이러시면 경찰 불러요?"
"하~ 경찰? 오라 그래, 씨발!"

저런 손님들이 지겨워서 내가 이런 오픈된 바를 하는 건데…. 정말 막무가내인 그에게 소리라도 치려는 그때, 어느샌가 옆자리에 있던 자매 중 언니가 와서 내 옆에 서 있었다. 그녀가 갑자기 나보다 두세 톤이나 높은 소리로 그에게 소리쳤다.

"아저씨! 취하셨어요? 아님, 뭐 약을 하셨나? 경찰 불러서 소변검사 한번 해볼까요? 아니면, 바지 내리고 소변 좀 받아보실까요? 어디 와서 꼰대 짓이야. 정말! 이 가게 주인이 가라잖아요. 가시라고요! 정말 별 주접을 다 보겠네! 좋게 말할 때 일어나세요. 어서, 어서요!"

얼굴에는 무지개 타투를 하고, 두 눈을 똥그랗게 뜬 채, 거침없이 퍼붓는 그녀의 기관총 같은 나무람에 내 속이 다 시원했다. 그는 시퍼런 기세에 눌렸는지 잠시 멍한 표정으로 있다가 일어서 나가며 혼잣말처럼 투덜거렸다.

"아이 씨~ 뭐, 가면 될 거 아냐. 간다고! 무슨 가게가 씨발! 이따위로 장사를 해. 다시는 오나 봐라!"

비틀거리며 떠나가는 그의 뒷모습을 보니 오히려 마음이 찡하고 불쌍한 생각마저 들었다. 돈이 있어도 스스로 대접받지 못하는 사람. 나이가 들어도 대접받지 못하는 사람…. 현아가 내 뒤에 서서 말했다.

"저분은 어쩌다가 저렇게 나이를 드셨을까요?"

그가 떠나고 난 후, 함께 있던 자매 손님 중 동생이 물었다.

"언니, 진상 손님 많죠?"
"뭐, 진상의 정확한 뜻은 모르겠지만, 불편한 손님들은 가끔 있지."

둘 중 언니가 씩씩하게 말했다.

"언니야, 진상들 오면 나 불러, 내가 박살 내줄게. 나 격투기도 하고 권투도 해서 웬만한 남자들도 꼼짝 못 해."
"언니가 조금 전에도 이미 도와줬는데 뭘…. 술이나 마시자고요~."

자매 언니들이 집에 갈 때 난 정말 고마웠다는 말을 다시 한번 하고는 꼭 안아줬다. 성 소수자의 인권과 자유에 도움이 되고자 벌써 몇 년째 퀴어퍼레이드는 꼭 참석한다는 손님들이다. 자기들 같은 일반인도 있으니 기운 내라고, 가끔 와서 매상이라도 올려주겠다는 이야기를 덧붙이며 얼굴에 새겨진 무지개 문신의 스티커가 찌그러질 정도로 환하게 웃어주고 갔다. 그 밝은 웃음으로 인하여, 아까의 그 이상한 아저씨는 내 기억 속에서 조금 더 빠르게 잊히고 있었다.
그 대신, 얼마 전 왔었던 기분 나쁜 손님이 불현듯 떠올랐다. 이상하게도 불편한 손님이 다녀가면 기분 나쁜 손님들의 기억이 다시 떠오르곤 한다.

가게에 손님이 가득해서 정신이 없을 때였다. 가장 안쪽 테이블 손님들이 떠나고 난 뒷정리하고 있을 때였다. 톤이 높고 날카로운 목소리가 들렸다.

"언니~~~! 반가워요, 언니! 아이 씨, 나 여기 정말 와보고 싶었어."

왔던 손님인가 할 정도로 반갑게 들어오는 그녀와 그녀를 따라 들어오는 남자 손님을, 막 치우고 있던 테이블로 안내했다. 예쁘장하게 생긴 그녀는 날씬하다기보다는 좀 마른 편이었다. 함께 온 남자는 그냥 맥없이 착해 보였다. 둘 다 많아야 20대 후반으로 보였다. 주미와 현아는 각자 손님들과 이야기 중이어서 바빴고 난 테이블을 마저 치우며 물었다.

"둘이 애인인가 봐요?"
"애인은 무슨! 언니, 안지 두 달 됐는데 저 빙신 새끼가 나 좋다고 씨발, 존나 따라다녀! 언니, 저 새끼 신경 쓰지 말고 나랑 놀자. 아, 씨발, 여기, 존나 맘에 들어!"

그녀는 욕을 입에 달고 있었다. 말을 걸기가 조심스러웠다. 술을 주문하자마자 빨리 오라고 난리였다. 속 좋게도 맞은편에 앉은 그 남자는 그냥 미소만 짓고 있었다.

"아 씨발, 언니 여기 하루 매상 얼마야? 내가 다 쏠 테니까. 아아 앙~ 빨리 와서 나랑 놀자고!"
"안주는 가져와야지…."
"아 그딴 거 다 필요 없어! 언니만 오면 돼. 씨발, 존나 예뻐!"

음악 소리와 손님들이 떠드는 소리로 다행히 그녀의 말이 다른 테이블에 들릴 정도는 아니었다. 서둘러서 안주를 챙기고 술잔을 챙겨서 자리로 왔다. 그녀는 남자 손님한테 명령하듯 말했다.

"넌 뭐하냐. 빨리 언니 술 따라줘야지! 아 짜증 나 씨발! 그치, 언니? 내가 트젠 언니들 얼마나 좋아하는데! 안 그래? 언니가 옆에 오니까 너~무 좋다! 이히히."

그녀가 갑자기 나를 막무가내로 당기더니 꼭 끌어안으며 한 말이다. 정말, 정신이 하나도 없었다. 뭐 이따위 캐릭터가 다 있지? 가게에 들어온 지 얼마 되지도 않아서 지켜보는 중이었는데 슬슬 화가 치밀어 오르기 시작했다.

"술 많이 마셨나 봐요. 그만 마시지?"
"나 술 존나 잘 마셔! 언니는 걱정하지 마. 근데 여기 혹시 짝퉁 술 파는 거 아니지? 난 씨발, 그런 거 먹으면 머리 존나 아프거든.

암튼, 언니 가까이서 보니까 생각보다 나이 들어 보이네, 보톡스 맞고 레이저 시술 좀 해야겠다. 가슴은 수술했나 봐. C컵인가? 꽉 찬 B? 아래도 짤랐어? 안 짤랐으면 수술하지 마. 씨발, 아깝잖아! 그리고 수술하면 몸에도 안 좋데. 근데 언니, 머리카락 존나 길다. 머리는 가발 아니지?"

그녀는 한 손으로 내 허리를 감싼 채 다른 손으로 내 머리를 한 움큼 잡더니 옆으로 툭툭 잡아당기며 말했다. 와 드디어 내 한계를 넘었다! 난 내 머리카락을 잡아당기는 그녀의 팔목을 힘껏 잡았다. 그녀가 잡았던 머리를 놓았다. 나는 그녀가 무슨 짓을 할지 몰라서 다른 손목도 잡았다. 그리고 그녀의 눈을 똑바로 바라봤다. 가느다란 그녀의 양팔은 아무 힘도 쓰지 못했다. 세게만 쥐어도 부서질 것만 같았다. 그녀가 어리둥절하고 어이없는 표정을 지었다. 내 가슴과 두 눈동자에서 불꽃이 튀어나가는 기분이었다. 나는 그녀의 양팔을 천천히 벌리면서 그녀의 귓가로 다가갔다. 그리고 거칠고 뜨거워진 분노의 입김을 불어 넣으며 딱 그녀만 들릴 정도로 또박또박 귓속말했다.

"너 말이야. 재미있어? 재미있니? 여기…. 나한테 시비 걸려고 온 거야? 계속 더 까불고 싶어? 그런 거야? 그만 까불고 가라. 내가 자꾸 화가 나거든, 정말 무지 화가 나니까 가라. 두 번 말 안 한다. 알겠지?"

나는 그녀의 팔을 풀어주며 뒤로 천천히 소파에 기대어 앉았다. 그녀가 잠시 어색해하며 멀뚱거리더니 남자 손님을 바라보며 혼잣말처럼 말했다.

"아~ 오줌 마려워, 화장실 갔다 와야겠다."

그녀가 일어나서 화장실을 향해 가자마자 난 맞은편에 앉은 남자에게 바싹 몸을 기울여 물었다. 정말 궁금했다.

"저 여자 어디가 좋은 거예요?"
"예쁘잖아요."

그는 담백하게 말했다. 이런 미친놈! 소리가 목구멍에서 튀어나올 뻔했다. 하지만 꾹꾹 잘 참고 부드럽게 그에게 말했다.

"화장실에서 나오면 바로 데리고 가세요. 제가 지금 너무 화가 나거든요. 조금이라도 더 있으면, 여기 있는 손님 모두 기분이 나빠질 것 같아요. 계산하고 가주세요!"
"아, 네네."

그는 바보일지는 모르지만 멍청하지는 않았다. 그 즉시 계산하고는 화장실 앞으로 가서 그녀를 기다리고 있었다. 나는 제대로 마시지도 않은 그들의 테이블을 치우기 시작했다. 그는 화장실에서 나오는 그녀를 바로 감싸 안고 납치하듯 나갔다. 그녀가 비틀거리며 그에게 기댄 채 계단을 내려가며 말하는 소리가 들렸다.

"내가 진상 짓 한 거야? 자기야, 내가 그렇게 심했어?"

그들이 떠나고도 분노가 쉽사리 가라앉지 않았다. 이런 손님이 한 번 다녀가면 여러 날 동안 트라우마가 생겨서 사람이 무서워진다. 손님이 들어오면 반가움보다 경계심이 먼저 생기고 불안해지는 거다. 테이블을 치우고 멍하게 앉아 있는 나에게 주미가 와서 물었다.

"나정아! 얼핏 얼핏 이상한 소리가 들리던데, 저 또라이가 뭐래?"

괜히 주미까지 트라우마가 생길까 싶어서, 나는 한숨을 크게 쉬며 시큰둥하게 대답했다.

"응, 그냥. 자기는 미친년이래~ 정신병원에서 막 탈출했대~."

손님이 있는 곳에는 불편한 손님들이 꼭 있다. 어디에나! 그들을 진상이라고 한다. 진상의 정확한 의미가 궁금해져서 인터넷으로 검색해 봤다. 여러 해석이 있었지만, '직원에게 막 대하는 손님, 과도한 요구를 하면서 뻔뻔하게 구는 철면피, 꼴불견 등을 이르는 부정적인 의미로 사용하는 단어'라는, 이 표현이 내게는 가장 잘 이해됐다. 자영업자에게 어떤 손님이 제일 싫은가? 조사한 자료가 있었는데 1위가 무례한 손님, 이었다. 동감이다.

며칠 뒤에, 4년 넘게 단골인 밤무대 가수 언니가, 미술관을 운영하는 관장님을 모시고 왔다. 가수 언니는 잊을만하면 어김없이 찾아오곤 했다. 언젠가는 손님이 없는 날 무반주로 R&B 노래를 불러 줬는데, 약간 허스키한 목소리가 너무나도 매력적이어서 떠올리기만 해도 귀에 생생하다. 그녀가 오늘 함께 모시고 온 관장님은 너무나도 멋진 중년 여성이었다. 부티와 품위가 향기처럼 풍겼고 미소가 참 우아했다. 모처럼 다른 테이블엔 손님도 없어서 다 함께 모여 즐겁게 웃고 떠들다가 이런저런 진상 손님들 이야기를 하게 됐다. 이야기를 듣던 관장님이 말했다.

"나도 화랑을 하니까 손님 응대를 하잖아. 돈 많은 사람들이 더 까다로운 거 알지? 나도 가끔 자존심도 상하고 무척 속상할 때가 있어. 하지만, 그런 손님이 있어서…. 좋은 손님이 더 고맙고 소중해지는 거 아닐까? 기분 풀어~ 내가 이 가게에 어울리는 그림 한 점 선물해 줄게."

"아유~ 안 돼요! 그건 너무 과해요. 부담돼요."

관장님의 그림을 완강하게 거절하기는 했지만, 전혀 생각지도 않았던 그 진심에 고맙고 놀랐다. 사람한테 받은 상처는 결국, 사람이 치유해 준다는 말이 역시 맞는다는 생각이 들었고 어느새, 며칠간 찜찜했던 내 마음속 하늘이 맑게 개기 시작했다.

그 맑은 하늘에 햇볕도 따스하고, 바람도 부드럽고, 기분이 좋아지는 날이었다.

9.
자살을 꿈꾸는 사람들

"나 자살하고 싶어! 누나. 진짜 더 이상 살 의미가 없어. 아무 재미도 없고."

"쟤 또 시작이네~! 그래 죽어라. 가서 죽어! 지겹다 정말. 너 때문에 나도 죽겠다. 너 맨날 집에서도 죽겠다고 그런다며? 여기저기 죽겠다고 협박하지 말고 조용히 지구를 떠나 그냥. 내가 너를 낳았으면, 다시 뱃속으로 집어넣고 싶을 거 같아!"

"뭐래, 이 누나. 미친 거 아냐?"

요즘 들어서 자주 오는 동생이 습관처럼 죽겠다고 말하자. 주미가 얼음 통을 들고 와서 앉으면서 그렇게 퉁명스럽게 쏴붙였다. 새아빠와 엄마 그리고 남동생 한 명과 한집에서 살면서 속 꽤나 썩이는 동생이다. 물론, 본인은 집에서도 외톨이고 아무도 자기를 이해해 주지 않는다며 세상이 다 싫다는 거다. 가게에 오면 한 이야기를 하고 또 해도 매번 요점은 동일하다. 사는 게 싫어서 죽고 싶다는 것. 사실은 나도 은근히 짜증이 나서 주미가 한 말에다가 한 술 더 보탰다.

"이왕이면, 아무도 못 찾는 데 가서 죽어. 괜히 여러 사람 힘들게 하지 말고. 난 네가 안 보이면 그냥 어딘가에서 잘 살고 있을 거라고 믿고 살게. 집에는 메모라도 남겨라. 좋은 데 가서 잘 살 테니 찾지 말라고, 가족들도 네가 어딘가에 잘 살고 있다고 생각하고 살 수 있도록."
"가족은 무슨! 새아빠 새끼 개새끼야! 우리 엄마도 졸라 짜증 나."
"내가 이야기 듣다 보면 네가 더 심각해! 네가 그동안 사고를 친 게 한두 개야? 너 진짜 꼴통인 거 너도 알지? 너 진짜 27살이야? 그냥, 미운 7살 아냐?"

주미가 갑자기 뭔가 생각났다는 듯 다시 말을 가로챘다.

"야. 너 지금 고수부지로 뛰어가 봐."
"왜요?"
"고수부지 도착하면, 미사리까지 전속력으로 죽도록 뛰어가 봐."
"왜요?"

"뛰어가다 숨차서 죽으면 소원성취하는 거잖아. 죽고 싶은데 죽었으니까."

"그러다 안 죽으면?"

"그럼, 살아 있는 게, 네 심장이 뛰고 있다는 게 신비롭게 느껴질 거야. 너는 별로 뛰고 싶지 않은데도 열심히 뛰고 있는, 네 심장이 기특하고 신기하지 않겠어?"

"뭐래~ 이 누나."

그나마 우리 가게는 편안해서 자주 오게 된다는 그에게, 실컷 핀잔을 주고 나니 조금 미안한 생각도 들어서, 분위기를 바꿔 진지하게 말해줬다. 아무래도 정신과를 꼭 가보는 게 좋겠다고, 내가 뭐 의사는 아니지만 여기 의사 간호사 다 오는데, 물론 다 정신과는 아니지만, 그래도 안다고, 너 정도 증상이면 정신은 좀 오락가락해도 신체가 건강하니까 병원에 가기만 하면 금방 좋아질 것 같다며, 아주 질리도록 이야기해 주었다.

그는 요즘 정신과에 주기적으로 다니며 상담과 약물치료로 많이 좋아졌다. 새로운 일을 계획하며 바쁘게 지내느라 예전만큼 잘 오지 않지만, 그만하길 천만다행이란 생각을 하게 된다.

1년 전쯤 함께 왔던 단짝 친구가 얼마 전 결국 스스로 떠났다는 가슴 아픈 소식을 전하며, 혼자 쓸쓸하게 술을 마시러 왔던, 그런 여자 손님도 있었으니까.

지난번 비가 주룩주룩 내리는 날에는 20대 후반으로 보이는 여자 손님이 혼자 비를 맞은 채 와서, 아주 우울한 표정으로 술을 마셨다. 필요한 게 있으면 부르라고 하고 편하게 마시도록 두었는데, 왠지 자꾸 마음에 걸렸다. 결국 못 참고 그녀에게 다가가 말했다.

"같이 한잔할까요?"
"저야, 좋죠."

그녀가 반기며 술을 한 잔 따라줬다.

"아니 이 비가 오는데 우산도 없이, 어딜 그렇게 다니다 왔어요?"
"어딜 다니다가 온 게 아니고, 어딜 가려는 중이었어요…."

그녀가 희미하게 미소를 짓더니, 잠시 후 담담하게 말을 이었다.

"사실, 한강에 가는 중이었어요. 죽으려고요. 근데, 죽기 전에 마지막으로 여기는 와보고 싶었어요. 재밌겠더라고요."
"아니, 그게 무슨…."

"거짓말 같죠? 제 손목 보세요!"

그녀의 손목에는 여러 개의 선명한 상처가 흉터가 되어 있었다. 등골이 오싹해졌다. 이 무슨 황당한 상황인지 잘 감이 안 왔다. 하지만 이내 알 수 없는 묘한 반감이 생겼다. 그때, 그녀가 다시 자랑스러운 듯 말했다.

"전 죽는 거 하나도 안 무서워요. 여러 번 각오해 봤으니까!"
"사는 게 무섭겠지, 죽는 게 안 무서우면."
"네? 아 네. 그건 맞네요. 전 사는 게 너무 힘들고, 너무 외로워요. 지쳤어요."

처음 보는 그녀가 힘든 짐을 토해내듯 한 말들을 천천히 곱씹어 보다가, 내가 조심스럽게 말을 꺼냈다.

"병원에 가보면 하루라도 더 살아보려고 안간힘을 쓰는 사람이 있고, 그런 그 사람을 살리려고 온갖 노력을 하는 가족과 의료진이 있잖아요. 살다가 보면 우리도 언젠가는 한 시간도 더 살 수 없는 날이 반드시 올 텐데, 미리 죽는 거 너무 허무한 거 같아 난."

그녀가 푹 숙이고 있던 고개를 들었다. 나는 그녀의 눈동자를 똑

바로 바라보며 내친김에 한마디 덧붙였다.

"내가 살고 싶지 않았던, 포기하려고 했던, 내일이 궁금하지 않아요? 하루만 더 살아봐요. 하루씩만 더 살아봐요. 내 경험으로는 좋은 일은 선물처럼 오더라고. 내가 전혀 생각하지 않고, 계획하지 않은 그런 방식으로…."

느닷없이 그녀의 눈에서 그녀조차 당황스러운 눈물이 술잔 앞으로 툭 떨어졌다. 나 역시 죽는 것도 무섭지 않은 그녀의 눈에서 눈물이 나올 거라고는 예측하지 못했었다. 우리는 서로 아무 말 없이 빗소리와 음악 소리를 들으며 한참을 앉아 있었다. 그녀가 담백하게 긴 침묵을 깼다.

"저 여기서 이런 말을 들을 거라고는 상상도 못 했어요. 저 갈게요. 죽지 않고 또 올게요. 궁금해졌어요. 내일이…."

우산을 챙겨주려는데 필요 없다고, 뛰어가면 된다며 그녀는 빗속으로 힘차게 사라졌다. 쏴아아~ 갑자기 빗소리가 크게 들려왔다.

3개월 후쯤, 그녀가 미소를 지으며 불쑥 나타났다. 그녀는 구면이라며 어느새 말을 놓고 있었다.

"언니, 웃기지? 죽지 않고 살아 있네. 내가!"
"요즘은 죽겠다는 생각 안 해?"
"응. 우울증약도 잘 챙겨 먹고, 하고 싶은 게 갑자기 많아져서 그런 생각할 틈이 없네! 언니, 내가 돈 벌어서 자주 올게."

그녀의 환한 얼굴을 보다가 나도 모르게 시큰한 눈물이 고였다. 주책이다. 그녀가 눈치챌까 봐 안주를 챙기는 척 주방으로 향하며 마음속으로 말했다.

'그래, 살아 있구나…. 살아 있어서 참 좋구나….'

맨날 죽겠다던 꼴통 동생과 예전에 했던 대화가 엉뚱하게 떠올랐다.

"누나, 누나는 죽고 싶었던 적 없어요?"
"있었지. 근데, 한 번쯤은 어떤 이유로든 자기의 죽음을 진지하게 생각해 본 사람이 오히려 삶의 소중함을 잘 알게 된다고 생각해. 아무 생각 없이 사는 사람들보다는…. 그러니까 너의 그런 우중충한 생각도 빨리 지나가고, 삶이 즐겁고 소중해졌으면 좋겠어. 제발 쫌!"

10.

귀여운 진상

"니가 가라 하와이!"

모기가 여기저기 자꾸 물어서, 편의점에 가서 모기약하고 아이스크림도 좀 사 오라고 말하니까 주미가 나한테 대뜸 한 말이다.

"아 뭐래! 그게 언제 적 영환데~."
"난 뭐 며칠 전에 봤다 그 영화. 그러니까 니가 가라 편의점!"
"야 정말! 난 안주 좀 정리하고 있을 테니까 쫌 다녀오라고~."
"더운데, 가긴 어딜 가. 니가 가라고~ 하와이."

우리가 그렇게 옥신각신하고 있는데 어느새 남자 손님 한 명이 문 앞에 가만히 서서 그걸 또 듣고 있었다. 우리는 뒤늦게 알아차리고 일어서서 인사를 했다.

"아, 어서 오세요. 죄송해요. 저희가 손님이 오신 줄도 모르고…."
"저~ 그럼, 제가 가도 될까요. 하와이?"
"네~에?"
"모기약하고 아이스크림 제가 사 올게요. 하하하."

뭐라고 말할 틈도 없이 그가 성큼성큼 계단을 내려갔다. 50대 초반으로 보이는 그는 한여름에 말끔한 정장을 입고 잘 다려진 와이셔츠를 입고 있어서 무척 깔끔한 이미지였다.

잠시 후 그는 모기약하고 아이스크림을 잔뜩 사서 들어왔다. 그러고는 뭐가 그렇게 좋은지 싱글벙글 웃고 있었다. 난 초면에 실례하고 감사하다고 말하고 난 뒤, 일단 아이스크림을 하나씩 들고 서로 인사를 했다. 그가 우리 이름을 묻고 나서 말했다.

"아니, 내가 이 골목을 지나면서 보니까 이 가게가 눈에 확 들어오더라고, 그래서 주차하고 문을 들어서는데 본의 아니게 두 사람 이야기를 듣게 됐지 뭐. 하하. 내가 딱 봐도 오빠니까 말 편하게 해도 되지?"

근데 이 오빠 장난 아니다. 말을 시작하면 멈추지를 않았다. 주미가 주문한 술과 안주를 준비하는 동안에도 쉬지 않고 말을 이었다.

"두 사람은 친구야? 재밌게 잘 지내는 것 같네. 하하하. 오빠는 그냥 조그맣게 사업하는 사람이야. 나정이도 사업자니까 오빠한테 나중에라도 궁금한 거 있으면 물어봐. 이래 봬도 내가 사업 체질이라 조금 알거든. 근데 두 사람 다 트젠 맞는 거지? 길에서 보면 그냥 둘 다 여잔 줄 알겠다. 와, 저 주미 엉덩이 좀 봐! 빵빵하네. 하하하. 근데, 가슴은 나정이 네가 더 크다! 수술한 거야 호르몬이야?"

이런 식이다. 대화의 주제가 아무리 바뀌어도 이 오빠는 잠시도 쉬지 않고 즐겁게 말을 이어갔다. 지치지도 않았다. 활력이 넘치고 유쾌한 사람이었다. 어린아이처럼 천진하다고 해야 하나? 게다가 정말 아이처럼 호기심도 풍부해서 뭐든 궁금해했다. 그는 즐겁게 술을 마시고 틈나는 대로 들르겠다고 하고는 갔다. 그 이후 그는 한 달에 한두 번씩은 꼭 들르는 단골이 되었다. 벌써 단골이 된 지 4년이 훨씬 지났지만, 내겐 처음 만난 그날이 그나마 제일 점잖은 모습으로 기억되어 있다.

"아가들아~ 오빠 왔다! 으하하하하! 내가 너희들 보려고 술 마시다 일부러 도망쳐 왔다! 잘했지? 그치그치?"

이 오빠, 손님이 있건 없건 눈치도 별로 안 보고 흥에 겨운 채 느닷없이 나타난다. 술도 잘 사주고 나무랄 데 없지만 엉뚱한 소리를 잘하고 돌발행동도 많이 해서 늘 조마조마해진다.

"이야~ 주미 너 젖이 더 커졌다. 호르몬 열심히 하니? 아니면 뽕브라야?"

"미쳤나 봐. 또 시작이야! 어휴 미치겠어, 정말."

주미가 가슴을 콕콕 누르는 오빠의 손목을 잡고 옆구리를 꼬집으며 말했다.

"오빠! 손님들도 많은데 뭐야. 조용히 좀 해. 나한테 한 대만 맞을래?"

"아아 안 돼요. 안돼! 이 오빠가 자꾸 늙어져서 뼈도 약해지고 그러니까 때리면 안 돼~ 한 대만 맞아도 어디가 막 다 부서지고 부러지고 그럴 거야~."

"뭐래~ 엄살떠는 거야 오빠? 그럼, 제발 이상한 소리 좀 하지 마!"

근데 갑자기 시선을 돌려서 이번에는 안주를 챙겨온 막내 현아에게 한마디 했다.

"현아야 오빠 좀 한 번만 안아줘라. 가을바람도 불고 오빠가 허

전하다 오늘."

"뭐야~ 현아가 오빠 딸이랑 비슷한 나이야. 정신 차려 쫌! 주책이야."

"아 맞다! 주미야. 내가 좀 주책이네, 그치? 아이, 이 나쁜 놈!"

나는 옆 테이블 손님들과 함께 있다가 도저히 안 되겠다 싶어서 와봤더니, 오빠는 자기 머리를 여러 차례 쥐어박고 있었다. 현아를 옆자리로 보내고 함께 앉았다.

"오빠! 약 먹을 시간이지?"

"나 영양제밖에 안 먹는데…."

"그럼, 우리 같이 병원 가자! 아무래도 오빤 치료가 필요해."

"맞아. 나 병원 가야겠지? 정상은 아니지? 근데 지금 닫지 않았겠니?"

"정신병원에도 응급실은 있을 거야. 걱정하지 마."

"진짜? 와 신난다! 병원 가면 막 예쁜 간호사가 인공호흡도 해주고 그러나? 내 엉덩이에 주사도 놔주고? 하하하."

"미쳐~ 진짜. 오빠! 그 입 좀 닫아. 제발. 좀."

"그게 잘 안 닫아져. 나보고 어쩌라고."

"오빠, 나 배구한 거 알지? 오빠 내 강스파이크 한 번이면 골로 간다~. 아니, 주미야, 가서 가위 좀 가져와 봐. 이 오빠 꼬추 잘라버리자. 그럼, 좀 얌전해지려나?"

"근데, 그건 나한테 좀 가혹한 거 아니니? 잘못했어. 용서해 줘."

그런데도 또 주미가 화장실 간다고 일어나니까 엉덩이를 툭툭 치면서 기어이 한마디를 더했다.

"와, 계집애~ 엉덩이 탱탱한 거 봐! 여자면 애 정말 잘 낳았겠다!"

오늘도 우리가 졌다! 저 엉뚱함을 도무지 이길 수가 없다. 화를 내기엔 좀 웃긴 상황이고, 재밌다고 웃자니 확실히 좀 과하고, 짓궂게 굴어도 친오빠 같거나 아주 친한 사촌오빠 같아서 느끼하지는 않고 다만 황당할 뿐이다.

손님이 많을 때는 옆 테이블을 기웃거리며 "나정아, 쟤네들은 레즈 맞지? 딱 봐도 그러네." "저 커플은 싸우고 왔나보다 그치?" 등등 온갖 참견을 하고 화장실에 갈 때도 늘 음악에 맞춰 엉덩이를 흔들면서 다닌다. 주책이라고 말리고 다녀도 킥킥 웃으면서 마냥 즐겁다. 그래서 오빠가 스스로 맘껏 놀고 집에 간다며 대리기사를 부르고 나서야 우리는 비로소 안도의 한숨을 쉰다.

하지만 명절이면 자신의 회사에서 거래처에 주는 선물을 챙겨왔다며 바쁜데도 일부러 들러주고, 가게 3주년 기념일에는 커다란 아이스크림 케이크를 사다 주며 바빠서 자기는 바로 가니까 먹고 싶은 거 사 먹으라고 용돈까지 주고 가는 멋쟁이다.

늘 손이 많이 가고 신경 쓰이는 손님이지만 한동안 안 보이면 궁금해지는 그런 사람이다. 우리가 부르는 그의 별명이 '귀여운 진상'이다.

그런 사람이 한번은, 술이 떡이 돼서 나타났다. 들어오자마자 물을 한 컵 마시고 바로 테이블에 엎드려서 코까지 골면서 잠을 잤다. 30분쯤 자다가 일어나서 술을 주문한다며 불렀다.

"취해서 자고 일어나니까 내가 여기 와 있네. 거~참 신기하네."
"오빠 무슨 일 있나 보네. 안 하던 짓 하는 거 보니까. 왜 이렇게 오랜만이야?"
"하~ 빡쳐! 난 내가 사업 잘하는 줄 알았는데. 완전 바보 병신 됐다. 내가."

대략의 내용은 이렇다. 오빠가 제일 신뢰하던 동생이 창업 초기부터 회계를 담당했는데, 갑자기 다른 회사로 스카우트 됐다며 떠났단다. 새로 온 회계 팀장이 지난 장부들을 검토하다가 그의 횡령 사실을 알아냈는데 처음엔 도무지 믿을 수가 없었다고 했다. 떠날 때 송별회도 근사하게 해주고 아끼던 동생이어서 무척 아쉬워했는데, 알고 보니 최근 3년 동안 몰래몰래 6억이 넘는 돈을 빼돌려서

개인적으로 쓴 거다.

"그래서? 그래서 어쨌는데?"

"내가 가만있겠냐? 집으로 찾아갔지. 벨을 누르니까 대문 밖으로 나오더라. 집으로 들어오란 소리도 안 하고."

"그래서?"

"어떻게 그럴 수가 있냐고 따졌더니. 실실 웃으면서 고소하래. 고소하면 자기는 대표가 시켜서 다 한 거라고 할 거니까. 자료를 다 그렇게 만들어 놨대. 돈은 현금으로 찾아서 대표한테 준거로 하면 된다나…. 와 진짜 죽여버리고 싶더라. 나 완전 그 새끼 앞에서 병신 된 거 있지? 게다가 열 받으면 자길 한 대 치래. 폭행으로 바로 신고하고 합의금까지 받아내면 된다나?"

"와~ 대박! 정말, 그렇게 배짱이 대단한 인간도 다 있네…."

"근데, 내가 쪽팔려서 이 이야기를 어디서 하겠어? 집에서도 못해. 암튼, 어쩌다 보니 내가 여기 와 있네! 하긴 여기밖에 이야기할 데가 없더라고 그래서 왔지. 돈도 돈이지만 내가 완전 바보 병신 된 거잖아. 사람도 잘못 보고, 횡령도 전혀 몰랐고, 안 그래?"

"오빠 정말 열 받았겠다. 그런데 말이야…. 그 사람은 무조건 나쁜 사람인 건 맞는데 혹시, 자기가 그만큼은 더 받아가도 된다고 생각한 것 아닐까? 오빠 작년 회사 매출만 180억이 넘었잖아."

"니가 어떻게 그걸 어떻게 알아!"

"취했어? 지난번에 재무제표 보여주면서 자랑할 땐 언제고!"
"아, 맞아. 내가 또 잘난척했구나."
"하여간, 우리 가게에 직장인들 많이 오잖아. 근데, 대부분 일은 전부 자기들이 하고 돈은 사장이 다 가져간다고 생각하는 사람 많아~ 아무튼, 나쁜 놈도 이해가 돼야 용서도 할 수 있다잖아. 생각을 좀 다양하게 여러모로 하면서 빨리 기분 풀어보라고~ 알지? 오빠는 심각한 거 하나도 안 어울리는 거. 아니면, 까짓거 오빠가 우리 가게에서 6억 원어치 술 더 마셨다고 생각하자 그냥!"

황당하고 어이가 없다는 표정으로 두 눈을 끔뻑이며 나를 바라보기는 했지만, 오빠가 집으로 갈 때쯤엔 마음이 조금 가벼워 보였다. 나쁜 일은 되도록 빨리 털고 빨리 잊는 것이 좋지만 그게 참 쉽지는 않다. 아무튼, 그날 이후로 우리는 더 이상 그 이야기는 꺼내지 않았으니까 나름대로 잘 정리했을 거로 생각한다.

얼마 전에 자신은 임플란트해서 술은 못 마신다고, 우리만 마시라며 물컵을 기울이던 오빠에게 물어봤다.

"오빠는 왜 우리한테 잘해줘?"
"아! 내가 어딜 가서 이렇게 편하게 놀겠어? 어딜 가든 무게 잡고 다니느라 짜증 나고 피곤하기만 하지. 그나마 여기에선 내가 그냥

나 같아! 그래서 편하고 좋아. 너희들한테 고맙지. 그리고 너희들은 말이야, 왠지 전부 참새 같아. 먹이를 달라고 입을 뻐끔거리고 있는 참새! 그래서 뭔가 자꾸 물어다 줘야 할 것 같고, 물어다 주고 싶고 그래, 그냥."

사실, 뭔가가 좋거나 싫은 것에 특별한 이유 따위는 없는지도 모른다. 그냥이다. 그냥. 누가 좋거나, 어떤 장소가 좋거나, 누구한테 잘해주고 싶거나, 그냥 그랬다는 말이 어쩌면 제일 정확한 표현일지도 모른다는 생각이 들었다.

11.

아빠가 바람났어요

"누나! 우리 아빠가 바람났어요. 우리 집, 개박살 나기 직전이야. 아, 젠장! 나 어떡해야 해? 응? 아이~ 어떡하냐고!"

지난번에 왔을 때 그는 중학교 선생님이라고 했다. 잘생겼다. 28살. 단정한 용모와 깔끔한 말투가 선생님 맞는다는 느낌이 들었었다. 그가 오늘 오자마자 느닷없이 한 말이다. 아니, 뭐. 우리가 고민 상담소도 아니고, 다짜고짜 어떡하냐고 따지듯이 말하는 그가 원하는 게 뭘까. 그냥 하소연? 투정?

"아 뭐야~ 무턱대고 생떼 쓰지 말고 좀 차분하게, 알아듣게 말해봐."

주미가 옆에 앉으며 다그치자, 그는 좀 자세히 이야기하기 시작했다.

그의 아빠는 평생 교직에 계셨는데, 주변에서 모두가 존경하는 그러한 분이라고 말을 꺼냈다. 형과 자신도 한결같은 아빠의 자상하고 성실한 모습을 보며 자랐고, 자신들 역시 존경해 왔다고 말했다. 그런 아빠의 모습이 멋져서 자신도 교직 생활을 하게 된 거라고. 근데 그랬던 아빠가 최근에 술집 여주인하고 바람이 나서 집에도 막 안 들어오고 하시다가 그 근처에서 식당을 하시는 엄마 친구한테 어제 딱 걸리셨단다.

'어라? 나도 술집 여주인인데…. 왜 내가 쪼그라드는 기분이 들지? 난 분명 아닌데….'

암튼, 다음 이야기가 궁금해서 이런저런 상황을 캐물었고 그는 집안이 폭발 직전이라고 했다. 엄마는 병원에서 링거 맞고 오셔서 이불을 쓰고 종일 누워 계시고, 형은 형수와 함께 와서 아빠가 당장 정리하지 않으시면 다시는 안 보고 살겠다고 엄포를 놓고 갔단다. 아빠는 미안하다거나 그 어떤 변명도 없이 오히려 화가 난 표정으로 묵비권을 행사 중이시라고 했다.

그럼 너는? 너는 어쩌고 있는데? 하고 생각하고 있는데 가만히 이야기를 듣던 주미가 똑같이 물었다.

"그럼 넌? 넌 뭐 하고 있었어?"
"아 나도 아빠한테 개실망하고, 배신감 느껴서 눈도 안 마주치지. 그러다 답답해서 그냥 나왔어. 근데, 술도 생각나고 누나들 생각이 나서 왔지."
"얘! 그건 아니지! 그럼, 아빠는 어디로 가서 숨을 쉬셔? 너라도 아빠 편에 서야지. 적어도 아빠 편인 척이라도 해야지, 안 그래? 무조건 넌 아빠 다 이해한다고, 넌 아빠 편이라고 해."
"알 게 뭐야. 자업자득이지. 아 뭐래~ 지금 나보고 아빠 편에 서라니? 짜증 나는데."

주미의 말에 공감한 내가 말을 보탰다.

"아니야, 주미 말이 맞아. 지금 넌, 무조건 아빠 편에 서야 해. 아빠가 여러 가지로 힘드셨나 보다. 오죽하면 바람이 나셨겠어. 평생을 모범적으로 살아오시는 게 얼마나 힘드셨겠냐고…. 지치시기도 하셨을 거고, 문득 자신의 삶은 모두 잃어버린 것 같은 허탈함이 드셨을지도 몰라. 가식적으로 살아온 기분이 드셨을지도 모르지. 그런 걸 확 집어던지고, 막 살아보고 싶으셨던 거 아닐까. 그래서 늦바람이 나신 거 아닐까? 조금은 만만하고 편안한 사람한테?"

내가 말을 좀 막 했나. 주제넘은 거 아닐까. 눈치를 보니까, 오히려 씩씩거리던 그가 얌전히 듣고 있었다. 이번엔 주미가 재빨리 내 말을 이었다.

"아니, 너 집안이 박살 나기 직전이라며? 너마저 아빠를 등지면, 아빠는 그 여자한테 갈 수밖에 없는 거야. 안 그래? 진짜 박살이지. 적어도 식구 중에 누군가는 아빠의 변명이라도 진심으로 들어줄 필요가 있다고 생각해. 왕래하는 친척도 별로 없고 형도 성격이 엄청 고지식하다며? 그러니까 네가 해야지. 너밖에 없지. 자 한잔하자! 목 탄다."

술잔을 몇 번 더 기울이다가 그가 말했다.

"듣고 보니, 일리가 있네…."
"아 뭐래~ 영감님같이…!"

우리는 펄쩍 뛰었고, 그는 오늘 처음 웃음을 보였다. 그리고 양주 한 병을 다 마실 때까지 우리는 여러 이야기를 했는데 나머지는 잘 기억나지 않는다. 다만, 그가 가게에 들어올 때보다 나갈 때 표정이 한결 밝아졌다는 건 확실하다.

두 달쯤 뒤에 그가 다시 왔다. 무표정한 얼굴로 술을 주문하자마자 그는 말했다.

"다행히 우리 집 박살은 안 났어. 아직도 다들 서로 어색하지만 뭔가 조금씩 치유가 되는 중인 것 같아. 아빠도 외박 안 하시고 예전의 모습을 찾으시는 것 같고."
"정말? 야~ 다행이다. 어떻게 그렇게 된 거야?"
"누나들 말대로 내가 아빠 편인 척했어. 처음엔 분명 쇼였는데, 아빠랑 여러 번 술을 마시면서 그냥 느껴지더라고…. 아빠가 얼마나 외로웠는지…. 얼마나 힘들었는지…. 아 어느새, 내가 식구들한테 아빠를 미친 듯이 대변하고 있더라고."

담담하게 말하는 그의 얼굴이 두 달 만에 성큼 여유로워지고 성숙하게 느껴졌다.

우리 바에는 외국인들이 많이 온다. 미국의 거의 모든 주에서 손님들이 다녀갔고, 유럽, 남미, 동남아의 대부분 국가도 다녀갔다. 심지어는 에스토니아, 몰도바, 키프로스, 볼리비아, 아제르바이잔 등등 나에게는 생소한 여러 나라들을 포함해서 60개국이 넘는 나라 국민이 방문했다. 그 이상은 세어보지 않았다. 그 나라에서 태어난 건지 방금 온 것인지 일일이 묻지는 않았지만, 다양한 국가에서 다양한 사고와 개성을 가진 사람들이 우리 가게를 찾아온다는 사실이 너무 신기하다. 역시! 이태원 프리덤!

그가 우리 바에 들어섰을 때, 속으로 참 잘생긴 외국인이라는 생각이 들었다. 훤칠한 키에 건강하고 날씬한 몸매, 또렷한 이목구비.

세련된 매너까지 갖추고 있었다. 그는 치과 의사라고 했다. 한국은 처음인데 구글링을 통해 일부러 우리 바를 찾아왔다고 했다. 대부분 외국 손님은 친구들과 함께 와서 간단하게 마시고 화끈하게 웃고 떠들다가 간다. 그는 혼자 왔는데도 우리와 함께 마시자며 고급 샴페인을 시켰다. 흠, 뭔가 사연이 있어 보였다.

그는 술을 전혀 마시지 않았다. 다만, 우리의 웰컴과 함께 술잔을 기울이는 척만 하다가 자신의 휴대폰을 꺼내 꽤 큰 자신의 치과를 보여주고, 이어서 친구들과 요트를 타는 사진, 백마를 타고 달리는 사진, 자신과 가족들의 고급 자동차들까지, 꽤 여러 장의 사진을 마치 자신을 증명하듯 일일이 보여줬다. 나와 주미는 연신 "와우~ 판타스틱! 원더풀! 베리 굿! 나이스!"를 연발했다. 자기가 부자라고 엄청나게 자랑하고 싶은가 보다고 생각했는데, 분위기가 편해지자 오히려 그의 표정은 무거워졌다. 이윽고, 자신이 이곳에 온 이유를 말했다.

자신은 어려서부터 우리와 같은 트렌스젠더가 되고 싶었단다. 그 열망이 간절하고 큰 만큼, 성 소수자는 물론 동성애 자체가 허용되지 않는 엄격한 국가에서 사는 현실에 늘 가슴이 답답하고 숨이 막혔다고 했다. 얼마 전 그에게 처음으로 한국 출장 계획이 잡혔고, 티켓을 예매하자마자 미리 여러 곳을 검색했는데, 이곳이 제일 편할 것 같아서 오게 됐다고 했다. 호텔에 짐을 풀자마자 왔다고 자랑처럼 말했다. 그가 과장할 이유는 없어 보였다.

그는 주미와 내게 아름답다, 예쁘다, 부럽다, 등등 틈만 나면 지나치게 과분한 말을 연신 쏟았다. 문득, 미니스커트 아래 내 다리를 지그시 바라보다가 말했다.

"다리 한번 만져봐도 돼?"

난 "오케이, 슈얼, 고어 헤드!"라고 시원하고 경쾌하게 답해줬다. 그는 마치 조각된 예술품을 대하듯 내 허벅지를 천천히 몇 번 쓰다듬다가 갑자기, 자신의 긴 바지를 걷어 올리고 털이 수북한 다리를 내밀며 한숨 쉬듯 말했다.

"난 너같이 되고 싶어, 단 하루라도!"

아이고 맙소사~. 그는 진심이었다. 갑자기 그가 사는 나라보다 우리나라는 개방적이고 참 좋은 나라구나! 우리나라 좋은 나라! 하는 생각이 줄을 이었다.

그가 신세 한탄을 이어갔다. 그의 부자 가족들과 친척들은 자신의 이런 생각을 꿈에도 모르며 그 어디에도 이런 비슷한 이야기조차 꺼낼 수 없었다고 했다. 자칫하면 아주 참혹한 결말을 맞게 될 거라며….

주미가 "그럼, 한국 와서 살면 되겠네!"라고 했더니, 그는 자기의 가족과 친척들이 결국엔 분명 사람을 보내서 자기를 끌고 가거나 없애고야 말 거라고 곧바로 대답했다. 반드시 찾아낼 거라고! 우리는 그의 말에 푹 빠져들었다. 전혀 농담할 사람처럼 보이지도 않았고, 사실 그의 나라에서 일어난 여러 참혹한 뉴스들을 알고 있기에 더욱 현실감이 있었다.

다양한 나라 사람과 접하면서 느끼는 나의 처지는 참 순식간에 변한다.

바로 얼마 전에는 네덜란드 사람이 여럿 와서 술 마시며 흥겹게 놀다가 한국의 성 소수자에 대해 이것저것 세세하게 묻더니, "좋은 날이 올 거야~ 기운 내!"라고 내게 말해줬다. 그때는 나 자신이 조금 불쌍하게도 느껴졌었다. 그런데 내 입장이 이렇게 쉽게 바뀔 줄 몰랐다. 어느새 나는 그를 위로하고 있었다.

3일간의 바쁜 출장이어서 일이 끝나고 나면 바로 고국으로 돌아간다고 한숨을 쉬는 그에게 말해줬다. "너에게도 좋은 날이 올 거야!"라고….

백마 탄 왕자님은 그렇게 무거운 걸음으로 가게를 떠났다. 그의 뒷모습이 슬퍼 보였다. 나는 안다. 진정 그가 원하는 삶을 살 수 없다면, 금은보화가 아무리 많아도 행복하지 않으리란 걸. 과연, 그가 단 하루라도 원하는 삶을 살기 위하여 나머지 삶을 걸 수 있는 날이 올까? 그가 가진 금은보화를 다 내던질 수 있는 용기가 생기는 날이 올까?

 내게는 이미 오래전 일이 되었지만, 내게도 분명 모든 것을 걸어 본 날이 있었다. 평범하게 살아보려고 무진장 애를 쓰고, 나름 오래도록 힘겨운 시간을 보내다가 더는 남자로 살 수 없다는 확신, 여자로 살겠다는 결심, 내가 인정할 수 있는 나, 내 마음에 드는 나로 살겠다고 다짐했던 날. 나는 죽을 각오를 했다. 가족들한테 맞아 죽거나, 길 가다 돌멩이를 맞아 죽더라도 내가 살고 싶은 삶을 살겠다는 그런 각오였다. 그렇게 살 수 없다면 이 삶은 내게 더 이상 아무런 의미가 없었으니까….

 무심코 창밖을 바라보며 지나간 추억에 잠겨 있는데, 두 달 전쯤에 왔었던 대만의 게이 커플이 한국 친구들과 함께 올라오는 게 보였다. 지난번에 무척 즐거운 시간을 함께한 기억이 떠올랐다. 나는 문 쪽으로 다가가 활짝 웃으며 즐겁게 반겼다.

 "Welcome! Good to see you again~!"

13.

자유의 기준

여자 손님 다섯 명이 우르르 들어왔다. 밝고 발랄한 그녀들을, 나는 처음에 대학교 졸업반이나 대학원생 정도로 봤다. 그런데 웬걸, 그녀들은 모두 초등학생 자녀들을 둔 엄마들이었다. 다섯 명 전부 20대 초반에 대학을 졸업하자마자 결혼해서 남편과 아이들만 챙기며 30대 초반이 되었다고 했다. 아이들이 같은 학교 같은 학년이어서 커피숍과 식당도 함께 다니고 친하게 지내는 사이들이라고 소개했다.

"이게, 자유지! 우리는 전부 클럽도 한 번 못 가보고 결혼했어요."

"모두 남편들한테 오늘은 이태원 가서 실컷 놀다가 새벽에 들어간다고 말하고, 당일치기 여행 중이에요. 호호호."

"우리 전부 이태원도 처음인 거 알아요? 정말 다른 나라에 온 거 같아~!"

그녀들은 모두 투명하고 해맑아 보였다. 천진한 고등학생처럼 까르르 웃으며 온통 신기해하는 그녀들을 바라보면서 왠지 흐뭇한 기분마저 들었다.

중간중간 언제 오냐며 엄마를 찾는 아이들과 부인을 찾는 남편들의 전화가 왔는데도 별로 불편해하지 않고, 아빠랑 잘 놀고 있으라며 자상하게 전화를 끊었다.

나는 그녀들이 오늘만 자유를 누리는 것이 아니라고 생각했다.
결혼하고 살면서도 충분히 놀러 다닐 수 있었지만 대신, 남편과 자식을 위해 사랑을 베푸는 자유를 누리고 살아왔다고 자신 있게 말할 수 있을 것 같다. 그만큼 그녀들은 여유롭고 행복하고 사랑이 가득하게 보였으니까. 결국, 자발적인 구속은 자유다.

우리가 만약, 출근하고 퇴근할 때까지 자신의 업무실을 어쩔 수 없이 갇혀 있는 곳이라고 생각하면 숨이 막힐 것이다. 하지만 자신의 의지로 새로운 지식과 경험을 쌓고 나름대로 사회에 봉사한다고 정의 내린다면, 우리는 좁은 사무실에서도 분명 자유로울 것이다.

가끔은 나도 가게에 출근하고 퇴근할 때까지 돈을 벌기 위해 내 가게에 갇혀 있는 것이 아닐까, 생각할 때도 있다. 하지만 이내, 내가 좋아하는 다양한 사람들을 만나는 소중한 곳이고 내 스스로 그것을 선택했다는 자각이 돌아오면 비로소 자유로워진다.

우리의 마음은 여러 가지 이유로 수시로 변덕을 부리고, 자신을 괴롭히기도 하지만, 분명 그 마음은 그 누구의 것도 아닌 나 자신의 것이다. 다양한 심리적 변화를 겪지 않고 성장할 수 없기에 여러 감정으로 힘들기도 하지만, 그러한 갈등은 아무리 가까운 사람도 대신해 줄 수 없다. 그래서 인간은 때때로 외로움을 느끼는 것 아닐까. 어쩌면, 인간은 너무 자유로워도 외로움을 느낄 거라는 생각이 들었다.
그러한 이유로, 나는 가끔 이유 없이 몰려오는 외로움조차 당연한 것으로 생각한다.

얼마 전에 혼자서 씩씩하게 들어온 손님이 있다.
20대 초반이라는 그녀는, 주문을 마치자마자 자신이 바이섹슈얼이라고 당당하게 소개했다.

"아, 그래? 그럼, 남자친구도 있고 여자친구도 있겠네."
"친구야 많죠~ 근데 애인은 그때그때 달라요."

그녀는 아무런 스스럼없이 자신의 이야기를 하는 스타일이었는데, 엄마는 젊은 남자와 바람이 나서 자신이 중학교 때 아빠와 이혼하셨다고 했다. 그때부터 자기와 남동생 한 명은 아빠와 살았는데, 엄마와도 한 달에 한두 번 자유롭게 만나면서 별다른 불편함 없이 성장했다고 말했다.

"그래도 힘들었겠다. 마음의 상처도 있을 것이고…."
"별로 그런 거 없어요. 내 인생 내가 사는 거죠, 뭐."
"그럼, 엄마랑 아빠 중에 누가 더 좋아?"
"엄마요. 엄마가 훨씬 자유롭고 행복하게 사는 것 같아서요. 아빠는 평생 공무원인데 공무원이라고 다 그런 건 아니겠지만, 우리 아빤 너무 꼰대 같아요. 꽉 막히고, 소통도 잘 안 되고, 불쌍해요. 전 엄마처럼 자유로워지고 싶어요. 실수는 엄마보다 덜해야 하겠죠."

결혼한 두 쌍 중에 한 쌍이 이혼한다는 요즘의 세상에서, 이혼 가정의 자녀라고 다 어둡거나 슬프지만은 않다는 것을 나는 그녀를 통해 배우고 있었다. 그녀는 자유에 책임이 따른다는 걸, 그녀의 삶을 통해 이해하고 있었다. 아직 나이는 어리지만 참 내실이 단단하고 잘 컸다는 생각이 들었다.

자유에 한계가 있을까?

아마도 인간은 인간이 누릴 수 있는 최상의 자유를 누리는 세상에 산다고 해도, 분명, 더 큰 자유를 달라고 하거나 자유를 구속할 수 있는 자유를 달라고 할 것이 분명하다. 그러나 자유의지로 선택한 삶을 사는 것은, 때때로 남들에게 속박이나 굴레처럼 보일 수는 있어도, 실제로 속박이나 굴레가 될지라도, 분명 자유로운 삶이라고 할 수 있을 것이다.

한계도 없고 형태도 없는 자유는, 자유로움은, 자연스러움은, 참 좋은 것이라는 생각을 해봤다.

14.

애인 있나요

자칭 '상남자'라고 하는 그가 들어왔다. 40대 후반인 그는, 돈 많고 건강하고 멋지게 생겼다. 누가 봐도 강한 남자로 보이는 그는 왕자병이다.

마침, 손님이 없을 때 그가 와서 나와 주미, 현아까지 전부 그와 함께 앉아서 술을 마셨다. 주미가 먼저 말을 꺼냈다.

"그래도 오빠가 오니까 편안하고 좋네."
"너 지금, 나한테 사랑 고백한 거지? 맞지?"
"또, 시작이네…."

그와 함께 이야기할 기회가 없었던 현아가 웃으면서 말했다.

"잘생기셨어요~."

"내가? 아하! 너도 날 좋아하는구나. 애인 있니? 우리 애인 할래? 나이 차이는 좀 있지만 내가 잘해줄게."

"됐거든요~ 바람둥이 싫어요!"

"바람 안 피울게, 피워도 널 제일 예뻐해 줄게."

보다 못한 내가 따끔하게 쏘아붙였다.

"오빠! 왕자병이 아니라 황태자병인 거 같아. 삼천궁녀를 거느리고 싶지. 그치?"

"삼천궁녀는 조금 무리고…. 한 이천오백 명은 가능하겠다. 근데, 나정이 너! 나한테 안티 하는 거야? 우린 이제 헤어지자! 그동안 즐거웠다."

"이거 봐 이거! 정말 불치병인가 봐~."

그는 늘 그런 농담을 달고 살지만, 사실 아이가 둘인 그의 결혼생활은 아픔이 있다. 부인과 너무 힘든 결혼생활을 하고 있다는걸, 그의 절친에게 들어서 알고 있다. 나는 그가 그렇게 농담하면서, 나름의 어려움을 지나 보내고 있는 거라는 생각을 한다.

손님들이 제일 많이 물어보는 질문의 하나가 "애인 있어요?"라는 말이다. 난 상대방에 따라서 그때마다 다르게 대답하게 된다.

"나 애인 많지! 문어발이야~ 나."
"나 애인 없어. 모태 솔로 숫처녀야."
"애인은 귀찮게 하니까 그냥 썸만 타~ 나는, 그게 편해."
"여자애인, 남자애인, 다 있다. 왜?"
"애인 없지. 있으면 술 판다고 싫어할 거 아냐."
"애인은 싫어! 딜도만 있어도 충분해."
"그딴 걸 왜 키워, 징그럽게!"
"아직은 혼자도 충분해. 외롭지 않아. 늙으면 사귈 거야."

일부는 내 말을 잠시라도 진짜로 믿고, 대부분은 뻥치지 말라고 한다. 물론, 나중에 농담이었다고 설명해 주지만, 그때마다 재미있는 대답이 떠오르면 참을 수 없는 장난기가 발동한다.

손님들이 적당히 붐비는데 남자 손님 두 명이 기분 좋게 취한 채 들어오며 말했다.

"어라? 이런 트랜스젠더 바가 다 있네!"

그들은 다른 트젠바는 많이 가봤는데, 이렇게 캐주얼하고 다양한 사람들이 함께하는 곳은 처음 본다고 신기해했다. 이런저런 이야기를 하다가 나이를 묻더니 그중 한 명이 말했다.

"동갑이네! 우리 셋 다 친구 하자. 그냥!"
"그러자. 친구 하자! 말 놔."

그들은 다른 주점을 많이 다녀서 그런지, 분위기를 능숙하게 타고 있었다. 앉아서도 술잔을 든 채로 음악에 맞춰 몸을 흔들며 아주 그냥 신이 났다. 우리는 한참을 웃긴 이야기들과 최근에 있었던 재밌는 각자의 에피소드 등을 이야기하며 실컷 놀았다. 두 명 다 너무 잘 놀았다며 즐거웠다고 이야기하고 계산을 하려다가 한 명이 내게 말했다.

"너 재밌다. 귀엽네~. 너 얼마야? 얼마면 돼?"
"드라마 너무 봤나 보네! 유치하게 뭐 그런 대사를 흉내 내냐?"
"진짜야, 얼마 주면 나랑 나갈래?"
"1억 줘. 그럼 나갈게. 까짓거!"
"오오, 그으래? 좋다! 내가 1억 줄게 한번 하자."
"다음에 5만 원권 현찰로 가져와. 그럼 나갈게."

함께 있던 친구가 킥킥거리고 웃으며 말했다.

"얘, 진짜 돈 많아! 가져올지도 몰라. 하하하."
"아 됐어, 허풍떨지 말고, 가져와서 말하라고!"

그들은 뭐가 그리 즐거운지 골목 아래까지 걸어가면서도 웃음을 멈추지 않았다.

가게를 마감할 때, 나는 그들에게 인사만 했던 주미와 현아에게 이런저런 일이 있었다며, 별 실없는 인간들을 다 봤다며, 흉을 봤는데, 가만히 이야기를 들으며 설거지하던 주미가 불쑥 말했다.

"담에 오면, 내가 대신 나갈까…?"

테이블을 닦던 현아가 소파 위를 구르며 깔깔 웃었다.

서로에게 아무런 조건 없이 우러나는 사랑을 베풀면 좋은 만남이 된다. 하지만 애인이어도 "내가 여태껏 너를 위해 얼마나 애썼는데, 네가 어떻게 그럴 수 있어!"라든가, "네가 잘하면, 내가 뭘 못 해주겠니?", "너 하는 거 봐서 해줄게."라는 말을 하게 된다면 조건 만남이다. 그 사이가 애인 사이든, 부모와 자식 간이든, 친구 사이든, 그것은 좋은 만남이 조건 만남으로 변질하는 순간이다. 우리는 그것을 잘 망각하고 산다.

나는 조건 만남이 무조건 나쁘다는 견해는 아니다. 어차피, 친구 사이도 연인 사이도, 부모와 자식 간에도, 회사와 직원, 또는 국가와 국민 관계도 분명 어느 정도는 조건 만남이니까.

다만, 아름답고 순수한 사랑을 꿈꾸고 사는 우리가, 적어도 자신이 조건 만남을 하고 있는지 아닌지 정도는 구분할 수 있어야 하지 않을까 싶다. 가끔은 자신의 여러 관계를 객관적으로 차분히 돌아볼 필요가 있다는 생각이 들었다.

나는 사실, 기다리고 있는 애인이 있다.

바로 인공지능 리얼돌이다. 그 애인은 나만 사랑해 주고, 배신 안 하고, 친절하고, 부지런히 나를 챙겨줄 거다. 물론, 옆에 누워서 잠자리까지 뜨겁게 해주겠지.

이미, 첨단기술 분야에서는 완성이 돼 있다고 생각한다. 기술적으로는 아무런 부족함이 없다. 외국의 돈 많은 누군가는 벌써 사용하고 있을지도 모른다.

열심히 돈을 벌어서 인공지능 리얼돌이 나오면 제일 먼저 사야지. 내가 원하는 얼굴과 몸매, 내가 원하는 목소리, 딥러닝을 하면서 나에게 점점 더 최적화되는 똑똑한 그 모습을 상상하면 흥분이 된다. 물론, 아직은 내가 이 판타지를 이야기할 때마다, 듣는 사람들은 거의 나보고 미쳤다고 한다.

그래도 괜찮다. 어차피 나올 건 다 세상에 나오니까. 그리고 가끔은 내 말을 듣고 나서는 그거 정말 좋겠다며, 나보다 더 그 애인을 기다리는 손님들도 여러 명 있으니까.

15.

상처는 다 쓰라린 거야

이별을 한 사람과 이별한 친구를 데려오는 사람들, 아픈 사연들을 품은 채 찾아오는 손님들이 많다. 그들이 아파서 찾아오는 게 아니라, 어쩌면 우리가 모두 아픔을 가지고 살기 때문에 내가 그렇게 느끼는 줄도 모르겠다. 하긴, 즐겁게 찾아오는 사람들도 많으니까.

아무튼, 다양한 사연들이 많지만, 확실히 연인과의 아픔을 이야기하는 사람들이 제일 많다. 만나기는 쉬워도, 만나서 사랑에 빠지기는 쉬워도, 이별은, 헤어지기는 정말 어려운 경우가 많다. 만남보다 헤어짐이 어렵게 느껴지는 이유다.

서로의 사이가 변질하여서 헤어지려고 해도 도대체 언제 헤어져야 한단 말인가. 너무 쉽게 헤어진 것 아닐까 후회되는 경우도 생기고, 헤어지려고 수없이 애써봐도 쉽게 헤어지지 못해 숨 막힌다는 사람도 있다.

본인은 헤어지기 싫은데 상대방이 헤어지자고 해서 헤어지는 경우는 정말 잊기 힘든 기억이 되기도 할 거다. 헤어져도 잊기 전에는 헤어진 게 아니니까.

안타까운 것은, 3년 이상 긴 연인관계를 정리하고 난 사람들이, 새로운 만남을 받아들이기 힘들어서 노처녀와 노총각이 되어가는 경우다. 너무나도 좋은 사람들인데도 불구하고, 그들은 새로운 사람을 만날 때마다 지나간 연인을 다 잊지 못한 채 분명 안 될 거라는, 너무나도 낮은 기대치로 새로운 사람을 만난다. 그러니까 상대를 알기도 전에 스스로 다 포기해 버리는 것이다.

순수한 사랑을 꿈꾸는 것은 좋지만, 아무것도 모른 채 연애에 빠져드는 사람은 무조건 그 사랑을 지키는 것만이 최선이라 생각하는 경우가 많아서, 오히려 최악을 만드는 원인이 되기도 한다. 생각보다 그런 일이 많아서 놀란다.

4년 이상 데이트 폭행을 당하면서도, 상대방의 성장환경이 불행해서 그렇다고, 나아질 거라며, 헤어지지 못하는 손님도 있었다. 그녀를 데려온 친구는 그녀를 '미친년'이라고 했다. 미안하지만 동감이다. 나름의 이유는 분명히 있을 거다. 어쩌면 그녀도 불행한 기억이 있기에 그 사람을 감싸고 있을지도 모르고, 맞는 건 싫지만 상대에게 든든함을 느낀다거나 그와 헤어지면 아무도 자신을 사랑하지 않을 거란 두려움도 있을 수 있지만, 그 정도면, 맞으면서 쾌감을 느끼지 않는 한 미친 게 분명하다. 내가 그녀를 이해한다고 해도, 위안이 되지도 않을 거고 의미도 없다. 나는 그녀가 용기를 내서 더 나은 삶을 만나기를 기원했다.

오직 한 사람만 바라보는 순수한 사랑을 하는 것은 다 좋다. 하지만 그 사랑이 운명의 사랑, 유일한 사랑일 거라는 자기최면은 걸지 말기를 바란다. 제발!

내가 참 좋아하는 언니가 있다. 외국계 회사의 중역으로 있는 그녀는 참 부드럽고 세련되고 다정한 사람이다. 그녀는 외국 손님들도 여러 번 데려오고 회사 식구들 몇 명과도 오고 그랬다. 오늘 함께 온 외국 동생은 이미 여러 번 함께 와서, 자연스럽게 나와도 언니 동생 하는 사이다. 초등학생 위주로 영어 강사를 하는 그 외국인 동생은 한국말을 놀랄 정도로 잘한다. 그녀를 데려온 언니가 먼저 말했다.

"아, 얘가 애인이랑 헤어졌다잖아. 아까도 저녁 식사하면서 계속 울고, 하여간 마음도 달래줄 겸 무작정 여기로 데려왔어, 그냥."
"나정 언니! 그놈 새끼가 날 버리고 도망갔어. 바람났어."

"아, 그런 나쁜 놈 때문에 뭘 그렇게 속상해해? 더 좋은 사람 만나. 그냥."

"아이, 그게 잘 안돼. 그 나쁜 놈이 자꾸 보고 싶어~."

그녀는 정말 눈물을 흘렸다. 달래도 위로가 안 되고, 하~참. 난감했다. 우리는 차라리 이별은 술로 잊는 거라며 계속 술잔을 부딪쳤다. 근데, 그녀들은 멀쩡하고 내가 취하기 시작했다. 혀가 자꾸 꼬이기 시작했다. 그럼에도 불구하고, 나는 술김에 자꾸 무슨 말이라도 위로해 주고 싶었다.

"헤어져서 힘들지? 근데, 난 즐거움을 통해서 성숙한 인간은 본 적이 없는 것 같아. 지나온 날을 돌아보면, 재미나 즐거움, 또는 편안함이 나를 성장시킨 적은 없는 것 같아. 오히려 불편함, 고난, 고통, 외로움, 치욕스러움, 이런 것들이 나를 성숙시켰고 지혜롭게 하고 강하게 해왔다고 생각해. 그렇지 않아? 다가오지도 않은 고난을 두려워할 게 아니라, 지금 내가 할 수 있는 것을 하고, 작은 행복이라도 감사하고 즐기자. 아픔과 고난 속에 있을 때는 참 기분이 거지 같은데, 그런 것들은 지나고 나면 항상 즐거움보다 묵직한 가치가 있더라고…. 그렇다고 우리가 일부러 고난을 찾아다닐 필요는 없어, 알겠지? 난 살면서 아무런 슬픔과 고통이 없었다는 사람을 본 적이 없어. 만약에 그런 자가 있다면, 완전히 돌았거나 아직 태어나지 않은 사람이겠지. 그렇다면, 우리가 살면서 겪는 어려움은 무조건 미워하거나 회피할 대상만은 아니지 않겠어? 이별? 뭐, 그까짓 거 별거 아냐. 상처는 다 쓰라린 거야. 근데, 원래, 내 상처가 제일 아파…."
"언니 근데, 마지막 한 말이 무슨 말이에요. 그게?"
"그니까! 이별은 아프고 쓰라린 게 당연하다고, 좀 참으라고, 아물 때까지!"

꼬여버린 혀로 꾸역꾸역 뱉어낸, 너무나도 장황한 나의 이야기에, 그녀가 어리둥절한 표정을 지으며 두 눈을 끔뻑거렸다. 갑자기 머리가 어질어질했다.

'아이고, 내가 오늘 좀 취했나 보다.'

16.
코로나의 기억

가게는 날마다 만원이었다. 이태원의 12월은 늘 바쁘고 분주하다. 그런데, 연말이 다가오면서 이웃 나라에서 새로운 전염병이 창궐했다는 소식이 유튜브를 통해서 먼저 전해지기 시작했다. 현지 상황이라며 유튜브에 떠도는 영상들은 현실이라고 믿기 힘들 정도로 충격적이었다. 수많은 시신과 땀에 찌든 의료진, 인적없는 거리와 차가 다니지 않는 도로. 공포영화에서나 볼만한 현실이 가까운 이웃 나라에서 일어났다는 것이 믿어지지 않았다. 하물며, 그것이 우리의 현실이 될 거라고는 정말 꿈에도 생각하지 못했다. 그러나, 얼마 지나지 않아서 그것은 남이 아닌, 우리의 현실이 되었다.

끝이 어딘지 모르는 터널을 지나가는 것은 정말 답답하고 숨 막히는 일이었다. 코로나가 한국에서도 시작되고 나서는, 도대체 언제 끝날지 알 수 없는 상황이 계속되었다. 게다가 코로나 초반에, 이태원의 클럽에 무슨 학원 강사가 다녀가서 코로나가 순식간에 퍼졌다며 난리가 났다. 그날부터 이태원을 가득 메운 건 오직 취재진뿐이었다. 한 달 가까이 마이크와 카메라를 들고 왔다 갔다 하는 사람들뿐이었다. 일부 기사에서는 이태원이 마치 우범지역이거나 세균의 본거지처럼 과대포장 되기도 했다. 비참했다. 정말.

게다가, 날마다 거리 두기다, 인원 제한이다, 시간제한이다, 정신이 하나도 없었다. 수시로 가게의 개점 시간을 변경하고 안내문을 바꾸어 달며 최대한 맞춰보려고 애썼지만, 어차피 아무도 오지 않는 거리였다. 시간이 흐를수록 알 수 없는 원망과 분노가 치밀었다.

근처에서 게이 바를 하는 사장님이 답답한 마음으로 우리 가게에 놀러 왔다. 그가 벌컥벌컥 술을 들이켜면서 말했다.

"이건, 완전 지옥이야. 지옥! 이태원 전체를 말도 안 되게 우범지역처럼 만들고, 온 국민을 거리 두기다, 인원 제한이다, 시간제한이다, 하면서 꽁꽁 묶어두고, 해도 너무한 거 아니야?"
"그렇다고 코로나 걸려서 죽게 할 순 없잖아요."
"알아! 근데 방법이 너무 치사하잖아. 차라리 문 닫게 하고 지원

금이나 확실히 주던가! 공무원이나 직장인은 우리만큼 직접적인 피해는 없잖아."

"그건, 그렇죠."

어쩌다 단골손님이 퇴근 후, 서둘러 식사하고 가게를 찾아와도 원 스트라이크 아웃이 무서워서 한두 잔만 마시면 마감 시간이라며 쫓아내기 바빴다. 그렇게 저녁 8시에 오픈하는 가게를 허구한 날 9시, 10시면 닫아야 했다. 오픈 시간을 앞당겨서 한동안 5시부터 영업을 시작해 봤지만, 아무런 의미도 없었다. 코로나 사태가 길어지면서 이런저런 대출금만 눈덩이처럼 늘어났다. 이런 식이면, 코로나가 끝나도 오직 빚을 갚는 노예로 전락한 기분이 들 거란 생각마저 들었다.

우리는 모두가 코로나를 지나서 생존했지만, 코로나를 경험한 체감 온도는 제각기 달랐다. 온라인 쇼핑몰이나, 배송업체, IT업체 등은 대부분 때아닌 호황이었다. 공무원이나 직장인들은 불편하고 재미없는 정도인 경우가 많았고, 식당, 커피숍 등은 잘되는 데만 잘 됐다. 지역마다도 조금씩의 차이는 있었지만, 불법영업을 했다는 소수 업체를 제외하면, 소위 밤에 장사하는 사람들의 코로나 체감 온도는 당장 타죽을 만한 100도가 넘었다. 그런 상황이니, 이태원의 밤을 책임지던 자영업자들의 체감 온도는 화염방사기를 능가했다는 생각이다.

사실, 코로나는 몇 년 동안 자영업자에게 매출만 앗아간 게 아니라, 장사하는 보람과 기쁨마저 앗아갔다. 그것이 어쩌면 더 가혹한 것이었다.

손님도 없는 가게를 지키며 커피를 한잔하고 있을 때 주미가 말했다.

"우리 인형 눈알 붙이는 부업이라도 해야 하는 거 아냐?"
"그런 아르바이트가 있겠어? 요즘 다 기계로 할 텐데…. 안 그래?"
"흠, 그러면 오토바이를 하나 사서 배달이라도 할까?"
"너 오토바이 잘 타?"
"못 타. 근데, 배우면 되지 않을까?"
"차라리, 어디 갯벌에 가서, 조개라도 주워와서 팔래?"
"미쳤어? 새까맣게 타면 나중에 어떻게 장사해?"
"그러네….'

그때, 우리 가게에 자주 오는 지역주민 손님이 들어왔다. 그는 주방장으로 일하고 있었는데 그가 출근하는 가게와 그의 집 중간이 우리 가게여서, 퇴근할 때 시간이 맞으면 자주 들리는 절친한 손님이다. 그가 들어오지 않고 문 앞에서 조심스럽게 우리 둘을 불렀다.

"이리 나와봐~ 여기 고양이들 좀 봐봐."

문 앞에 나가보니, 늘 우리 가게 문 앞을 지키는 길고양이가 새끼를 네 마리 낳아서 나란히 계단 위에 앉아 있었다. 주미가 놀라며 말했다.

"어머, 이 어려울 때, 출산을 다 했네. 쟤가, 미친 거 아냐?"
"야! 너 뭐 보태준 거 있어? 얼마나 대견해?"

그 길고양이는 늘 씩씩하게 돌아다니다가 신기하게 우리가 출퇴근하는 시간마다 가게 문 앞을 지키곤 했다. 동네 주민들이 싫어해서, 한 번도 고양이 밥을 챙겨주지도 못했는데, 새끼마저 낳았다. 그 고양이와 새끼들이 너무 대견하고 기특하다는 생각에 뭉클했다.

백신을 맞으면 괜찮을 거라고 해서, 무섭기는 했지만 우리는 무조건 백신이 나오면 줄을 서서라도 빨리 맞고 조금이라도 장사를 편하게 하기를 바랐다. 하지만 4차 백신을 맞고 나서도 코로나는 여전히 숨통을 조르고 있었다.

코로나에 걸려 사망하고, 가족을 잃고, 직접적인 아픔을 겪은 사람들의 아픔이 얼마나 클까. 떠나간 자들의 빈자리와 남아 있는 사람들의 아픔을 잠시 헤아려 보며 모두의 상처가 빨리 아물기를 기도해 본다.

코로나의 기억은 모두에게 암울한 기억이겠지만, 내게는 숨 막히게 갑갑하고 참담한 기억으로 새겨져 있다.

17.

살아가는 맛

기나긴 코로나의 터널을 지나서 드디어 시간제한이 풀렸다. 신기하게도, 바로 그날부터 오랫동안 만나지 못했던 단골손님들과 코로나 이전에 한 번이라도 왔던 손님들이 쏟아져 들어왔다. 사실, 조금씩 나아질 거란 생각은 했지만, 이럴 거라고는 전혀 예상하지 못했다.

"누나 힘들었겠다. 나도 그동안 오고 싶어도 못 왔어."

"나, 왔다. 정말 오랜만이지? 늘 마시던 거로 줘."

"난 코로나 때문에, 집에만 있었어. 무섭더라고. 정말 오랜만의 외출이야."

"코로나 시간제한 풀리고 온 데가 여기가 처음이네!"

"언니, 너무 오랜만이다. 고생했지? 제일 비싼 거로 줘."

"지난번에 왔다가 너무 좋아서 바로 오려고 했는데, 코로나가 터졌잖아요. 글쎄."

 마치, 우리 가게에 왔던 손님들이 어디선가 작당하고, 계획표를 짜서 순서를 정하고 차례로 방문하는 느낌마저 들었다. 물론, 새로운 손님들도 왔지만, 대부분 한 번 이상 왔던 손님들이 한 달 내내 위로와 격려를 하면서 찾아주었다. 따듯한 마음과 마음이 사람의 모습으로 걸어들어오는 느낌마저 들었다. 너무 바쁘고 몸은 힘들었지만, 그것마저 행복의 증거처럼 느껴지고 좋았다.

 가끔은 마음을 상하게 하고 떠나는 손님들도 있지만, 내 생각에는 좋은 손님들이 제일 많이 오는 가게가 우리 가게라고 자화자찬해 본다.

 그렇게 한 달 내내 바쁘게 지내면서 행복한 비명을 지르다가, 어느 날 일을 다 마치고 집에 돌아와 샤워하는데 왈칵 눈물이 솟구쳤다.

'아이 씨~ 이 인간들, 너무 고마운 거 아니야?'

그들의 얼굴과 미소와 환한 웃음이 거짓말처럼 차례차례 떠올랐다.
그동안 함께 버텨낸 주미와 현아 그리고 나 자신도 대견하고 고마웠다.
가슴이 뜨거워지고 하염없이 눈물이 흘렀다.
그렇게 난 샤워기를 붙들고 소리 없이 한참을 울었다.
그리고 욕실 바닥에 앉아 벌거벗은 채, 씩씩하게 혼잣말을 했다.

"이런 게, 사는 맛이지!"

18. 슬픈 핼러윈

코로나가 지나가고 얼마 되지 않아서 맞이한 핼러윈이었다. 자유와 낭만의 거리 이태원은 그 이름을 되찾고 있었고, 너무나도 오랜만에 맛보는 자유는 모두의 가슴을 한껏 부풀렸다.

가을의 정점에서 만나는 축제! 우리는 일주일 전부터 핼러윈 장식을 하고 무슨 분장을 할지 고민하고 또 고민했다. 3년 만에 맞이하는 기쁨이었다. 그 준비 자체도 즐거운 축제였다. 10월의 마지막 날인 핼러윈 일주일 전부터 가게는 붐비기 시작했는데, 핼러윈 전날부터는 온통 거리가 무서울 정도로 미어터지기 시작했다.

핼러윈 당일 초저녁에, 주미, 현아와 큰길 건너편 길거리에서 핼러윈 특수 분장을 하고 있는데 거리를 지나는 여러 사람의 말소리가 들렸다.

"밀지 마세요! 넘어지겠어요!"

"아야! 발 밟혔잖아요!"

"와 정말, 숨 막혀. 깔려 죽겠네!"

각자 간단한 분장을 하고, 우리는 평소에 3분도 안 걸리는 거리를 수많은 인파 때문에 20분이 넘게 걸려서 돌아왔다. 가게에 들어서자마자 현아가 헐떡이며 말했다.

"와 정말 죽는 줄 알았어요. 분장 다 지워졌네. 그쵸?"
"아 분장이고 뭐고 다시는 안 할래! 정말, 무서워서 못 돌아다니겠어."

주미도 옆에서 짜증 섞인 목소리로 말했다.

당연히 핼러윈은 무척 바빴다. 핼러윈답게 젊은 손님들로 가득했고, 빈자리가 생기면 또 다른 손님이 들어와서 채우며 정신이 하나도 없었다. 힘들었지만 긴 코로나로 누적된 적자를 메운다는 생각으로 피곤한 줄도 모르고 즐겁게 일하고 있었다. 그때, 손님 한 명이 휴대폰을 들고 와서 이야기했다.

"언니, 이태원에 사고 났대요. 사람들이 죽었다는데? 집에서 문자 왔어요."
"정말? 사고가 날 만도 하지, 우리도 아까 죽다 살아났는데 뭐. 그런데 정말 사람이 죽었대? 그냥 다친 거 아니고?"
"죽었다는데…"

그때 다른 테이블 손님이 또 휴대폰을 들고 와서 말했다.

"누나, 와~ 30명이 죽었대. 이거 실화야?"

테이블에 앉아 있던 다른 손님도 큰 소리로 말했다.

"아니, 50명이 넘는다는데? 집에서도 전화 오고 난리 났어. 이게 뭐야!"

그제야 조금씩 실감이 나면서 참담한 기분이 몰려왔다. 알 수 없는 두려움에 몸이 떨렸다. 내 휴대폰을 확인해 보니, 역시 가족들과 가까운 손님들이 괜찮냐며, 별일 없냐며 안부를 물은 문자가 여러 개 와 있었다.

더 이상 장사를 할 의욕이 나질 않았다. 아무것도 모르는 손님들이 자리 있냐며 계속 가게로 들어섰지만, 나는 마감했다며 죄송하다고 말하고 더 이상 손님을 받지 않았다.

주미와 현아도 문자를 확인하고 걱정스러운 표정으로 서 있었다. 손님들도 모두 휴대폰만 바라보고 있었다. 뉴스에서 알려주는 사망자 수는 계속 늘어나고 있었다. 잠시 후, 현장을 어렵게 정리 중이고 인파들은 조금씩 빠져나가고 있다는 뉴스를 듣고 나서, 나는 음악 소리를 줄이고 손님들에게도 오늘은 여기서 마무리하고 일어나자고 했다. 떠나는 손님들에게 미안하다고 서두르지 말고 조심해서 들어가라고 몇 번씩 당부하면서 모두 돌려보내고 서둘러 간판을 껐다.

남아 있는 우리는 서로 아무 말도 하지 못하고 휴대폰으로 뉴스만 확인하고 있었다. 사고를 당한 사람 중에는 어쩌면 이른 저녁에 우리 가게를 다녀간 손님도 있을 수 있다. 아니면, 우리 가게로 오려고 인파를 헤치던 사람이거나 우리 가게 단골손님일 수도 있다는 생각까지 들었다. 그제야 남의 일이 아니라 내 가까운 사람들의 일이라는 실감이 나면서 울분이 솟았다.

"아니, 어떻게 이런 일이 일어나냐고! 이게 말이 돼?"
"참담하고 비참하다. 정말."
"너무 슬퍼요. 어떡해요."
"우리 오늘부터 쉬자. 며칠간. 도저히 일할 기분도 아니고…"
"그래, 며칠 쉬면서 정신 좀 차려보자."
"네. 그런데 이러면 우리 가게도 정말 걱정이네요…. 간신히 코로나를 넘겼는데…"

주미와 내가 미처 생각하지 못한 부분을 가장 현실적인 현아가 짚었다. 슬픈 핼러윈에 우리는 희생자를 애도하며 휴업한다는 안내문을 붙이고, 패잔병이 된 비통한 심정으로 퇴근했다.

그날부터 이태원에는 거리를 다니는 사람들이 모두 사라졌다. 사고를 수습하는 사람들과 믿어지지 않는 비극을 애도하는 물결이 잔잔하게 이어질 뿐이었다. 이태원은 커다란 장례식장이 되어 있었다. 한 달이 지나도 거리는 텅 비었다. 현아는 편의점으로 아르바이트를 나갔고, 나와 주미는 또다시 추가 대출을 알아봐야 했다. 이태원이 재난지역으로 선포되었지만, 대출금액이 늘어난 것 외에는 아무런 도움이 되지 않았다. 날마다 우울증에 걸린 기분이었다.

모처럼 혼자 가게에 나가서 한 달 넘게 쌓인 먼지를 청소하고 커피를 마시는데 열린 가게 문 앞에 작은 고양이들이 왔다 갔다가 했다. 문 앞에 나가보니 코로나 때 태어난 길고양이 중 한 마리가 그새 커서, 네 마리의 새끼 고양이와 함께 계단 위에서 또 그렇게 나란히 앉아 있는 것 아닌가! 기가 막힌 광경이었다. 너무 귀엽고 신기했다. 그들의 아기자기한 눈망울을 바라보는데 또다시 작은 희망이 마음속에서 꿈틀거리는 느낌이 들었다. '그래, 어떻게든 다시 힘을 내봐야지!'

우리는 한 달 만에 가게를 다시 열었다. 손님은 없었다. 한 달이 지났는데도 거리는 여전히 유령도시처럼 캄캄했고 지나다니는 사람을 보기도 힘들었다. 몇몇 단골손님들이 안부를 물으며 왔다가 다녀가는 정도였다. 아무리 가까운 단골손님이어도 차마 오라는 연락을 먼저 할 수도 없었고, 새로 오는 손님은 하나도 없었다. 왠지 죄인이 된 기분으로 하루하루를 보냈다. 연말도 오직 이태원만 썰렁한 채 지나갔다. 다른 도시에 북적이는 사람들을 뉴스로 바라보며 부러워하면서 그렇게 또 몇 달이 지나갔다. 어느새 봄이 왔다. 날씨가 풀리면서 조금씩 사람들이 보이기 시작했다. 그래도 제일 가까웠던 손님들이 한둘씩 찾아오기 시작했다.

"슬프고 무서워서 그동안 못 왔어…. 미안해."

"도저히 올 엄두가 안 나더라."

"많이 힘들지? 근데, 나아질 거야. 힘내!"

"그래도 이태원인데! 살아나겠지! 기운 내."

"너무 비참하다. 이렇게 사람이 안 다니는 줄은 몰랐어."

 어느덧, 핼러윈 참사가 일어나고 1년이 다 되어간다.
 나름 이태원의 활성화를 위해 상인협회와 몇몇 단체가 애를 쓰고 있지만 아직도 사고의 여파는 계속되고 있다. 상인들도 예전의 이태원이 아니라며 아쉬운 얼굴이다. 아픔은 딛고 일어나야 하겠지만, 이태원에 다시 핼러윈이 와도 예전만큼 기쁜 마음이 될 수는 없을 거라는 생각이 든다.

 나는 차라리 이태원이 '자유복장 도시'가 되면 좋겠다고 생각해 봤다.
 1년 내내, 여자가 남자 모습으로 다니든 남자가 여자 모습으로 다니든, 아니면 동물 복장을 하거나 영화의 캐릭터 모습으로 나타나도 자연스러운 도시! 파격 패션의 중심지! 다양한 코스튬을 판매하거나 빌려주는 상점과 개성 있는 분장을 해주는 상점도 생겨나서, 누구나 한 번쯤 새로운 모습으로 변신을 한 채, 식사하고, 커피를 마시고, 춤을 추고, 어울려 술도 한잔할 수 있는 그런 도시라면 좋겠다.

이미 이태원의 상인들과 주민은 그런 모습에 익숙해져 있지 않은가 말이다.

언제라도 본인이 원하는 모습으로 나타날 수 있는 도시! 그 누구도 그것을 손가락질하지 않는 도시! 그런 자유가 안전 속에서 함께하는 이태원이길 희망해 본다.

19.
그 남자의 눈물

중년 남성이 들어왔다. 마침 안쪽에 자리가 생겨서 그를 안내했다. 그는 메뉴를 대충 보더니 위스키를 한 병 주문하고 소파 뒤로 푹 기대고 앉았다. 술과 안주를 준비해서 상을 다 차리고 그의 앞에 앉아서 술을 따랐다.

"니들은 왜 이러고 사니?"

내가 잘못 들었나 싶었던 그의 첫마디였다.

"그렇게 사니까 행복해?"

두 번째 그가 한 말을 듣고는, 그의 부당함에 무슨 말이든 반격해야겠다 싶었다.

"아주 행복한데요. 왜 그러세요? 오빠는 행복하세요?"
"아니, 난 안 행복해."
"네. 불행해 보이세요. 그러니까 이상한 말만 하시고…."
"부모님은 아시니? 너 이러고 사는 거?"
"당연히 아시죠. 처음엔 반대하셨지만, 지금은 우리 딸이 최고라고 동네방네 이야기하고 다니시거든요~."
"난 니들이 맘에 안 들어."
"오빠가 내가 맘에 안 들어도, 싫어도, 그래서 눈을 감아도, 전 앞에 앉아 있어요. 그런 거예요."
"내가 왜, 니 오빠야?"
"그럼, 아저씨라고 부를게요."

그는 술을 연거푸 들이켜고 있었다. 저러다 취해서 진상으로 돌변할까 봐 주미나 현아를 부를까도 했지만, 가게가 바빴다. 그는 아무 말 없이 술만 마시고 있었다.

"필요하신 거 있으면 부르시고요. 아니면, 전 다른 데 챙기러 가 볼게요."

"가지 마."
"아, 뭐예요~ 왜 자꾸 불편하게 하시는데요."
"불편해하지 마. 나 나쁜 사람 아니야."
"그건, 아저씨 생각이고요…."

때마침, 다른 테이블을 보낸 주미가 와서 함께 앉았다.
"오, 이분 자세히 보니까. 우리 삼촌 닮았어. 내가 제일 좋아하는!"
"앤 또 뭐야?"
"아, 전 주미라고 해요. 반갑습니다."
"반갑기는~, 그냥 하는 소리잖아."
"하~ 이 오빠, 옆 테이블 치우면서도 좀 들었지만, 대화하기 참 힘든 분이네."
"내가 왜 오빠야?"
"아, 그럼, 저희는요~ 아저씨 같은 사람 안 왔으면 좋겠어요. 안 반가워요."

주미가 한 말은 신경도 안 쓰고, 그는 우리 둘을 앉혀놓은 채 또 술잔만 기울이며 어두운 표정을 짓고 있었다. 답답함을 느낀 주미가 하품하면서 일어나려고 시늉하며 말했다.

"아~ 테이블 정리나 해야겠다."

"그게 아니라~ 앉아봐. 사실은, 내가 너희들하고 이야기 좀 하고 싶어서 왔어."

훨씬 부드러워진 그의 음성과 진지해진 그의 표정에 주미가 멈칫 다시 자리에 앉았다. 그러자 그가 무거운 돌을 들고 말하는 것처럼 어렵게 말을 꺼냈다.

"그게 아니라~ 사실은, 하~씨, 내 아들 녀석이 너희처럼 살고 싶대, 그놈이 나한테 얼마나 소중한 놈인데…. 하~씨, 아아~ 이걸 내가 어디 가서 말하겠어. 하~."

그의 숨소리가 거칠어지고, 그의 얼굴이 순식간에 일그러졌다. 그의 일그러진 얼굴에서 눈물이 툭 떨어지더니, 거짓말처럼 투둑투둑 눈물이 계속 떨어졌다. 그는 고개를 푹 떨구고 술잔을 만지작거렸다. 애써 뜨거운 눈물을 짓누르는 그의 몸이 고통으로 들썩거렸다.
나와 주미는 너무 놀라서 어쩔 줄을 모르고 얼어붙어 있었다. 잠시 그 공간이 멈춰버린 기분이었다. 음악 소리만 쿵쿵거렸다. 한참 동안 우리는 아무 말도 하지 않고 그냥 있었다. 현아가 챙기던 테이블 손님들이 계산하고 나가는 소리가 들리면서 정신을 차렸다. 애써 분위기를 바꾸어 보려고 내가 가볍게 말을 꺼냈다.

"많이 놀라셨죠~ 아저씨. 아유, 많이 놀라셨겠다."

조금은 진정이 된 그가 나를 올려다봤다. 주미가 옆에서 밑도 끝도 없이 한 마디 더했다.

"죄송해요…. 이렇게 태어나서, 제가 대신 사과할게요~."

그가 기가 막혔는지 피식 웃었다.

아들 하나와 딸을 한 명 둔 그는, 아이들이 어렸을 때 지병이 있던 부인과 사별했다고 했다. 그때, 다니던 건설회사를 그만두고 트럭을 한 대 장만해서 오직 두 아이를 키우는 재미로 살았다고 한다. 아들은 공부도 잘하고 운동도 잘하고 늘 자랑거리였는데 그런 아들이 얼마 전에 비장한 표정으로 그에게 커밍아웃해서, 인생이 송두리째 망가진 기분이라고 말했다. 그런 절망 속에 하루하루 지내다가 아주 조금이라도 아들을 이해해 보고 싶어서 어렵게 우리를 찾아왔고 이야기를 나누고 싶었단다. 그가 무척 우리에게 부정적으로 보였던 게 충분히 이해되고도 남았다.

나는 그의 옆자리에 가서 살며시 그의 손을 잡았다. 그리고 부드럽게 말했다.

"사람은 내가 나답다고 느낄 때, 그리고 내 마음에 드는 나를 만들어 갈 때 행복하대요. 아저씨 아들도 그럴 거예요. 조금씩만 이해하려고 하시면 돼요. 한꺼번에 모든 걸 이해하기 힘드셔도…. 그리고 전 분명 아저씨가 바라는 건 아들의 행복이라고 믿어요. 아저씨의 자랑거리로 남기를 바라는 게 아니라."

함께 몇 잔의 술을 더 마시고 우리는 일어나서 그가 혼자 술을 마시게 둔 뒤, 어느덧 가게 문을 닫을 시간이어서 모두 가게를 정리하기 시작했다. 그가 나머지 술을 천천히 다 마신 뒤 몸을 일으키다가 뒤늦게 현아를 발견했다.

"아가씨는 몇 살이야?"
"스물둘인데요."
"허허. 내 아들놈보다 더 어리네."
"그래도 알건 다 알아요. 헤헤."

그는 현아에게 어린데도 당차다며 칭찬하고 계산을 한 뒤, 우리에게 몇 번이나 쑥스러운 미소를 지으면서 고맙다고 말해주었다. 처음엔 괴물같이 느껴졌던 그가 가진 미소가, 그렇게 푸근하고 따뜻할 줄 상상하지 못했다. 너무나도 멋진 중년 아저씨가 골목 아래로 떠나가고 있었다.

떠나는 그의 뒷모습을 보다가 돌아가신 아빠 생각이 났다. 지방의 작은 동네에서 태어난 나는 어려서부터 여성스러웠다. 아들만 둘인 상황에서 임신한 엄마는 내가 딸이기를 무척 바라셨고, 할머니는 내가 여자로 태어나길 물을 떠놓고 태어날 때까지 매일 기도하셨다고 한다. 그래서인지 난 어려서부터 여성스러웠고, 그런 날 아빠는 마냥 신기해하고 귀여워하셨다. 버섯농장을 꽤 크게 하신 아빠 덕분에 나름, 있는 집 자식으로 자랄 수 있었다. 하지만, 내가 중학교 때 아빠는 뺑소니 사고로 순식간에 내 곁을 떠나셨다. 정말, 아직도 아빠가 떠났다는 게 가끔 믿어지지 않을 때가 있다. 그만큼 어이없고, 슬펐다.

아빠가 돌아가시고 집안 사정은 1년도 채 안 돼서 순식간에 망가지기 시작했다. 그리고부터는 큰형이(지금은 큰오빠가 됐지만) 가장으로 모두를 돌봤다. 신기하게 나는 아빠가 돌아가시고 나서, 더더욱 여자로 사는 것을 꿈꾸기 시작했다. 엄마의 원피스를 입고 립스틱을 바른 채 큰형에게 걸려서 머리통을 얻어맞기도 했고, 둘째 형한테도 얻어맞았다. 엄마는 "아, 막내가 또 그랬어?" 하시면서 그냥 재밌다고 웃고는 마셨다.

고등학교를 졸업하고 직업전문학교에서 미용을 전공하기 시작했을 때, 나는 가출을 했다. 모든 상황이 답답하게만 느껴졌다. 자리 잡히면 연락하겠다는 쪽지만 남기고 청바지와 티셔츠를 입은 채 무작정 집을 나왔다. 나 혼자라도 내가 원하는 모습으로 잘 살아

보겠다며 집을 나와 제일 친한 여사친의 집으로 갔다.

  나는 거기서 미용실에 출퇴근하면서 본격적으로 내가 원하는 모습으로 살기 시작했다. 미용실에서는 나를 무척 여성스러운 게이처럼 생각했는데, 사실 주말에는 여사친과 함께 치마와 블라우스, 아니면 원피스를 입고 화장을 하고 놀러 다녔다. 그러다가 내 소식에 목마른 엄마를 위해 나를 찾으러 다닌 큰형과 골목에서 정통으로 마주쳤다. 나는 아무 말도 못 하고 집으로 끌려갔다. 엄마는 맨발로 마당까지 뛰어나와 나를 안고 서럽게 우셨다.

  큰형을 따라 이발소에 가서 머리를 짧게 잘랐다. 또 가출할지 모른다며 나는 가택연금을 당했다. 하지만 한 달이 채 안 돼서, 나는 다시 가출했다. 숨이 막혀서 도저히 살 수 없었다. 내가 원하는 삶이 아니라면 차라리 죽겠다는 각오로 집을 다시 나선 것이다. 그리고 거의 1년을 미용실을 전전하며 일을 하고 집에는 일체 연락을 안 했다. 하지만 어느 날부터인가 밤마다 엄마가 꿈에 나와서 우셨다. 그러다가 어느 날 돌아가신 아빠까지 꿈에 나와서 우셨다.

  나는 그제야 1년 만에 집에 전화했다. 엄마는 내가 원하는 대로 다 살게 해줄 테니 집에만 돌아오라며 우셨다. 큰형도 전화를 받고 같은 말을 했다. 나는 다시 집으로 돌아갔다. 그리고 내가 원하는 삶을 살 수 있는 억지 자격을 얻었다.

  지금은, 한때 형들이었던 큰오빠와 둘째 오빠와도 사이가 좋다. 둘 다 결혼했는데, 결혼하기 전부터 새언니들은 나를 다 이해한다며 받아줬다. 정말 고맙다. 엄마는 이제 내 딸이 최고라며 동네에 자랑하고 다니신다. 아빠가 살아계셨으면 어땠을까….

나는 오늘 그 남자의 눈물을 보면서 놀랐고, 내 지난 기억들이 생생하게 떠올랐다. 나는 그 아저씨가 딸이 될 아들과 함께, 나보다도 더 좋은 결말을 가질 수 있기를 기도했다.

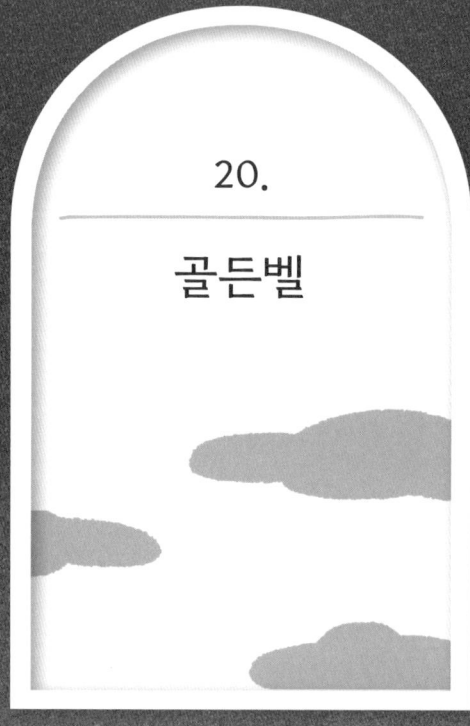

20.

골든벨

가게에 출근해서 조명을 하나둘 켜는데 전화벨이 울렸다.

"오늘 영업하시는 거 맞죠? 저 지방인데요~ 지금 애인하고 출발할게요. 세 시간쯤 걸릴 거 같아요…."
"아~ 네~ 멀리서 오시나 봐요. 조심해서 오세요~."

친절하게 전화를 끊었지만, 토요일인데 영업하냐고 물어봐서 혹시라도 장난 전화가 아닌지 의심도 들었다. 간혹 온다고 말하고 안 오는 손님들도 있으니까.

주말이어서 초저녁부터 가게가 붐볐다. 여기저기 챙기고 다니느라 정신이 없었다. 그때, 그녀들이 들어왔다.

"저희 아까 전화했던 사람이에요! 서울 다 와서 좀 막히더라고요."
"아! 반가워요! 둘이 커플인가 봐요?"
"와~ 어떻게 아셨어요? 귀신이네. 티 나요?"
"그냥, 다정해 보여서 물어본 거예요."
"여기는 내 애인이 너무 와보고 싶대서 차 몰고 올라왔어요. 가게 생각보다 작은데 너무 예뻐요."

20대 중반, 외국 생활을 오래 했다가 한국에 들어온 지 이제 1년이 좀 넘었다는 그녀는 타고난 금수저였다. 사업을 크게 하는 그녀의 아빠도 할아버지 덕분에 금수저였고, 외국에 자주 다니셔서 완전 개방적인 분이라고 했다. 함께 온 그녀의 애인은 아빠의 비서 중 한 명이라고 했다. 아빠도 아시냐고 했더니 당연히 아신다고 했다. 메뉴도 안 보고 무조건 제일 비싼 샴페인을 달라고 했다.

"우리 아빠는요…. 제가 행복하면 다 이해할 수가 있대요. 멋지죠?"
"엄청 쿨하시다! 대단하시네. 정말."
"언니! 내가 사고 안 치게 옆에서 잘 챙겨줘서 그래요. 뭐."

함께 온 애인이 그렇게 말을 가로챘다.

그녀들은 처음 어떻게 만났고 어떻게 사귀게 됐는지, 그리고 함께 어떻게 사랑하고 다투며 지내왔는지 등등 서로가 앞다투어 말했다. 두 사람이 사귀면서도 아무래도 한국 사회인지라 남들 앞에서는 레즈비언 느낌을 안 드러내게 되고, 그래서 거의 둘이서만 시간을 보내니까 누구랑 함께 편하게 이야기한 적이 거의 없다고 했다. 그런데 여기서는 다른 사람 눈치 안 봐서 좋고 또 맘껏 이야기할 수 있어서 너무 신난다고! 그녀들은 자신들이 술을 아주 잘 마신다며 30분도 안 돼서 샴페인 한 병을 다 마시고, 다시 한 병을 더 주문했다. 그러고도 성에 안 찼는지 갑자기 그녀가 일어나서 가게 중앙으로 가더니, 음악 소리보다 큰 목소리로 말했다.

"안녕하세요!
저는 제 애인이 여기 와보고 싶다고 해서,
차 몰고 지방에서 3시간 넘게 왔는데요.
제 애인이 여기 와서 너무 좋대요!
그래서, 제가 기분이 너무 좋아요!
지금부터 드시는 술은 제가 다 사겠습니다.
제가 골든벨 울리는 거니까, 마음껏 드세요!"

와 대박! 골든벨도 없는 가게에서 골든벨을 울렸다. 그녀는 여러 곳에서 골든벨을 울렸는지 모르지만, 우리는 처음 당하는 일이어서 어리둥절했고 손님들도 마찬가지여서 일일이 다니면서 설명까지

해줬다. 그녀의 애인은 "쟤 원래 가끔 저래요, 기분 좋으면." 하고 담담하게 말하면서도 기분은 무척 좋아 보였다.

토요일이라 가게는 만석이었는데 모두가 신이 났다. 손님들은 즐거운 마음으로 너나없이 서로 건배하고 일부러 그녀들의 테이블까지 찾아와서 술잔을 부딪쳤다. 주미와 현아도 테이블을 오가며 즐거워했다. 모두가 행복한 주말이었다.

손님이 하나둘 다 떠나기 시작하고 골든벨을 울린 그녀는 소파에 기댄 채 잠들었다. 성격이 차분하고 담담한 그녀의 애인은 아직도 술잔을 기울이며 내게 조용조용 말했다.

"저한테 너무 잘해주는데요. 가끔 지나치게 부담도 되고, 성격이 또 어디로 튈지 모르는 성격이라 힘들 때가 있어요. 정말, 가끔 확 헤어질까 생각도 해요."
"완벽한 사람이 어딨어? 내가 보기엔 두 사람 너무 잘 맞는 거 같은데. 무엇보다 그쪽을 사랑하는 게 눈에 보여. 그리고 보기에는 활기가 넘쳐서 어디로 튈지 모를 것 같지만, 함부로 정을 주는 스타일은 절대 아닐 것 같은데?"

술에 취해 있던 그녀의 눈동자가 갑자기 커지며 내게 바싹 다가 앉았다.

"정말요? 사실, 성격도 좋고 너무 잘해주니까. 갑자기 더 좋은 사람 만났다며 떠나버릴까 봐. 사실은 그게 제일 불안한 거 같아요."
"왜 생기지도 않은 일을…. 근데, 저쪽 입장으로 봐도 더 좋은 사람 만나기 힘들 거 같아. 내 생각엔 둘 다 더 좋은 사람 만나기 힘들 거야. 그러니까 소중한 인연이라고 생각하고 사이좋게 지내봐."

그때, 소파에서 잠을 자던 그녀가 일어났다.

"아 잘 잤다! 자기야 다 갔어? 우리도 이제 일어날까?"

그녀가 미소를 띠며 멀쩡하게 말했다. 나는 왠지 오래도록 그녀들이 잘 지낼 거란 느낌이 들었다. 고마운 그녀들과도 아쉬운 작별 인사를 했다. 어느새 해가 떠서 가게가 환해져 있었다.

주미가 테이블 정리를 하면서 말했다.

"우리도 골든벨 하나 달아놓자!"
"소리 좋은 걸로요~."

음악을 했던 현아도 맞장구를 쳤다.

즉시, 우리는 가게 정리를 팽개치고, 즐거운 마음으로 인터넷을 뒤져, 맘에 쏙 드는 적당한 크기의 타종을 구매했다.
며칠 후, 택배가 도착했다. 우리는 그 종을 적당한 위치에 달아놓고는 골든벨 없이 골든벨을 울렸던 그녀들을 흐뭇하게 떠올렸다. 서로 번갈아 종을 땡땡땡 울려보면서….
그 후로 물론, 우리는 골든벨을 달아놓은 것도 한동안 잊고 지냈다.

IT업계에서 잘나가는 동생이 있다. 덩치는 곰같이 큰데 웃는 얼굴은 천진한 아이 같은 동생이다.
지방에서 근무해서 자주는 못 오지만, 한 달에 한 번 정도는 꾸준히 와서 넉넉하게 마시고 편안하게 쉬다가 간다. 그 동생은 늘 우리 가게가 제일 편하다고 했다. 자기는 누나만 둘이어서 어려서부터 무척 친하고 사이가 좋았는데 막상 둘 다 결혼하고 나니까 남편하고 자식들 챙긴다고 자기한테는 쥐뿔도 관심도 없단다. 본인은 원래 결혼도 관심 없고, 늘 바쁜 회사에서 먹고 자다시피 하며 돈 벌어도 엄마 용돈 드리는 것 외에는 별로 쓸데도 없고 쓸 시간도 없다고 했다. 회사에서 너무 일을 많이 시킨다고 늘 하소연하면서 투덜거리는데도, 우리는 그가 오면 왠지 푸근하고 편안해서 놀고먹고 쉬는 기분이 들곤 했다.

그런데 그런 그가 6개월이 넘도록 안부 문자를 해도 전혀 확인도 안 하고 나타나질 않았다. 당연히 궁금했다.

우리는 별별 상상을 다 해봤다. '갑자기 결혼했나? 아님. 뭐 섭섭한 게 있어서 우리 차단된 거 아니야? 혹시 서둘러서 외국으로 도망가게 된 것 아닐까? 회사에 큰 문제가 생겨서 감옥이라도 갔나? 코로나에 걸려서 사망한 건 아니겠지?' 하지만 아무리 생각을 해봐도 우리한테 연락도 없이 사라질 이유가 명백하지 않았다.

그랬던 그가, 어느 날 아무런 연락도 없이 실실 웃으며 나타났다!

"야! 너 뭐야! 문자도 안 보고 연락도 없고. 죽은 줄 알았잖아!"
"누나, 나 죽다 살아났어. 그래도 살아서 이렇게 왔잖아~."
"뭐래~ 사고라도 났던 거야?"
"응. 고속도로에서 길 막혀서 서 있는데, 트럭이 와서 뒤에서 받았어! 보름 넘게 혼수상태였다가 깨어났더니, 팔다리에 깁스가 되어 있더라고. 5개월 동안은 꼼짝도 못 했어."
"어이구~ 조심해야지!"
"뒤에 와서 박는 걸 어쩌라고~ 재수가 없는 거지! 그래도 침대에 5개월 누워 있는데 이상하게 누나들 생각이 여러 번 나더라~."
"우리가 너 계속 욕해서 그래. 문자도 한번 안 하고, 어휴!"

"아니, 팔다리 깁스하고 매달려서 뭔 문자를 해? 그리고 사고 날 때 전화도 같이 박살 나서 다시 개통했거든! 암튼, 놀래주려고 갑자기 나타났다 왜."

그는 늘 주문하는 고급 샴페인을 주문했다. 우리는 술과 안주를 챙기느라 분주했는데 외국 손님 4명이 왁자지껄 들어왔다. 전부 미국에서 온 여대생들이라고 했다. 그녀들의 주문을 받고 그에게 돌아와서 샴페인을 오픈하는데 그가 말했다.

"난 술 못 마셔. 얼음 가득 넣어서 콜라나 한 잔 줘. 퇴원한 지 며칠도 안 됐고, 먹는 약이 많아서 안 돼, 지금은."
"그래? 그럼, 우리만 마셔야겠네."
"응. 그리고 쟤네들도 이거 한 병 줘."
"이거? 이 비싼걸?"
"응. 쟤들도 한국에서 기분 좋은 추억 하나 만들어 가면 좋잖아. 그리고 저기 현아랑 마시는 친구도 한 병 줘. 딱 봐도 나보다 어린 동생인 거 같은데."
"진짜? 너 괜찮겠어?"
"죽다 살아나니까…, 정말 돈도 별거 아니더라고. 까짓거! 살아난 기념으로 오늘 내가 저 골든벨 한번 울린다. 마음껏 마셔! 저거 달아놓고 한 번도 못 쳐봤다며?"

나는 히히 웃으며 일어나서 골든벨을 신나게 울렸다. 종소리에 의아해하는 손님들에게 자초지종을 간단하게 말하고, 샴페인을 가져와 흔들며 보여줬다. 외국인들은 워낙 리액션이 좋지만, 저렇게 좋아할지 몰랐다. 그녀들은 가게가 떠나가도록 함성을 지르며 신나했다. 그러고는 몇 번이나 그에게 건배하자며 번갈아 왔다 갔다가 했다. 그는 특유의 천진한 미소를 지은 채 "유어 웰컴!"을 연발하며 콜라잔을 들고 건배하며 즐거워했다.

현아와 술을 마시던 동생은 광고 회사에 다니는 단골인데, 그도 와서 정중하게 감사 인사를 하고 갔다.

잠시 후 들어온 커플 손님이 주문하자마자 추가로 또 한 병을 쏘고, 우리 심심할 때 틈틈이 마시라며 제일 비싼 양주도 한 병 사줬다.

즐겁게 이야기하는 도중에 아는 동생이 놀러 온다고 전화가 왔는데, 그 동생 것마저 미리 계산하고 나서, 자신은 아침 일찍 중요한 투자자 미팅이 있다며 자리에서 벌떡 일어섰다. 가뜩이나 이태원에 여러 악재가 겹쳐서 힘들었는데 너무 큰 힘이 된다며 몇 번이나 고맙다고 했더니, 그런 줄 알아서 더 산 거라고 이야기하고 훌쩍 떠났다.

그는 그렇게 콜라 한 잔을 마시고, 우리에게 큰 매출과 감동을 선물하고 갔다.

며칠 후, 오랜만에 전직 기자 오빠가 놀러 왔다. 이런저런 이야기를 하다가 보니, 어느새 골든벨 울린 손님들 이야기를 자랑처럼 신나게 하게 됐다. 한참을 가만히 듣던 그가 골든벨을 울리는 건, 마치, 자선사업과 비슷한 거라며 술잔을 든 채 근엄하게 말을 이었다.

"남을 돕는 자선사업은 말이야~ 인간이 할 수 있는 최고의 놀이고 유흥이야."
"왜?"
"신들의 놀이니까! 생각해 봐. 병든 사람 고쳐주고, 배고픈 사람 먹여주고, 목마른 사람 물 주고! 얼마나 재미있어?"
"그러네…."
"그래서 그거에 중독된 사람들은 못 끊는대. 외국에서도 유명한 재벌, 의사, 운동선수, 연예인 등 자선과 선행에 제대로 맛을 들이면 절대 못 빠져나오는 거야. 더 재미있는 게 뭐 있겠어?"
"그럼 잘된 거고, 좋은 거 아니야?"
"그렇다니까!"
"근데, 오빠가 하는 이야기는 왠지 나쁜 일에 빠졌다는 것처럼 들려서~."

베푸는 것은, 베풀 수 있다는 것은 얼마나 신나고 즐거운 일인가!
만약, 내가 행운을 가득 가지고 있고, 그것을 마음껏 나눌 수 있다면, 나는 날마다 골든벨을 울리리라!

퇴근하고 집으로 가는 내내 마음속 골든벨이 땡땡땡~ 울리고 있었다.

21.
편견의 실체

남녀 커플이 들어왔다. 여자 손님은 우리 가게를 너무 많이 와보고 싶었다며 오기 싫다는 남자친구를 졸라서 억지로 데리고 왔단다. 사귄 지 3년이 넘었는데 남자친구는 좀 고지식한 편이라고 했다. 그는 고개를 숙이고 우리와는 눈도 안 마주치며 불편함을 드러냈다. 이런 경우가 종종 있어서 우리에겐 특별한 일은 아니지만, 오히려 함께 온 여자 손님은 계속 이런저런 이야기를 하면서 조금이라도 빨리 분위기를 풀어 보려고 안간힘을 썼다. 그가 조금은 편해졌다 싶을 때, 그에게 내가 웃으면서 말을 꺼냈다.

"여기가 낯설겠지만, 안 잡아먹을게요. 약속해요! 그러니까 너무 무서워하지 마세요."

"아니, 무서운 건 아니고, 전 트젠 다 이해하고 나름, 뭐. 존중해요. 근데 왠지 좀 어색하긴 어색해요."

"처음엔 그럴 수도 있죠. 뭐. 근데 다 같은 사람인데 뭐가 어때요? 사실 우리가 조금 색다르긴 한가? 그럴 수도 있겠네. 근데 혹시 게임 하세요?"

"하죠. 요즘 안 하는 사람이 어딨어요?"

"그럼, 캐릭터 여러 개 있죠? 그중에 여자 캐릭터도 가지고 있지 않나요?"

"그건 게임하는 사람이면 다 있죠. 뭐."

"아니 그럼! 본인도 온라인에서는 가슴 덜렁거리면서 전장을 뛰어다니면서, 오프라인에서 그렇게 살고 있는 우리는 뭘 그렇게 어색하게 생각해요? 안 그래요?"

"그러고 보니, 그 말도 일리가 있네요. 허허."

불과 몇 마디를 나눈 것뿐인데 그는 훨씬 더 편안해져서, 사실은 별로 오기 싫었는데 막상 와보니까 너무 재미있고 좋다며 온 지 얼마 안 돼서 고백했다. 새로 손님이 와서 잠시 자리를 비웠는데 어느새 다른 테이블에 있던 주미가 그들과 함께 앉아서 이야기를 나누고 있었다. 주미가 음담패설을 하는지 가끔 야한 이야기가 들렸고, 그 남자는 누구보다 신나게 큰 소리로 웃었다. 다행이다.

온라인과 마찬가지로, 오프라인에서도 남자가 치마를 입고 돌아다니거나 여자가 수염을 기르고 근육을 키우고 양복을 입고 다녀도 누구도 이상하게 느끼지 않는 세상이 온다면, 장담컨대 누구나 성별을 바꾸는 외모 경험을 포함해서, 수시로 색다른 모습을 꾸미며 거리를 활보할 거란 생각이 들었다. 우리 가게 손님들한테도 자주 물어봤는데, 거의 모두가 재미 삼아 한 번쯤이라도 다 그렇게 해보고 싶다고 답했다.

 약 100년 전만 해도 남자가 상투를 자르고 머리를 짧게 하면 무조건 불효자에 상놈이었고, 불과 오륙십 년 전에는 여자가 미니스커트를 입으면 경찰이 단속하거나, 같은 여자들마저 손가락질하며 욕을 했다니까. 말해 뭐할까. 대중의 인식은 이렇게 임계치가 다가오면 순식간에 변하는 것인데, 대부분 사람은 지금 자신이 가지고 있는 보편적 인식이 영원한 것처럼 말하고 행동한다.

 편견의 실체는 대부분 '남들이 그러니까. 남들도 다 그렇게 생각하니까.'이다. 그렇게 내실이 없거나 황당하다. 평범해지고자 하는 우리의 욕심은 오히려 개성을 스스로 말살한다. 자신이 뭘 좋아하고 어떤 모습으로 어떤 옷을 입을지도 모른 채. 그저 타인의 시선에 이상하게 보이지 않을 정도로 다니는 것에 익숙해지는 것이다. 그렇게 살고 싶은 사람은 계속 그렇게 살면 그뿐이다. 다만, 무척 지루하고 재미없는 삶이라고 생각하지 않을 수 없다.

아이들이 의견 다툼을 하는 모습을 보면, 대부분 두 아이가 서로 자신이 옳다고 열을 내다가 그중 한 명이 "아니거든! 그걸 네가 어떻게 알아?"라고 하면, 다른 한 명은 "우리 엄마가 그랬어! 그러니까 내 말이 맞아." 아니면 "우리 담임 선생님이 그렇대!"라고 당당하게 답하거나 "인터넷에 그렇게 나와 있어."라고 단정적으로 말하는 것을 보게 된다. 나는 대부분 성인이 되어서도 마찬가지라는 생각을 한다. 자신의 주관은 없이 다수가 옳다고 생각하는 것이 옳다는 식이 대부분이다. 아니면 자신이 남들보다는 조금 더 안다고 착각하며 쉽고 경솔하게 판단하는 때도 많다. 그래서 나는 언제부터인가 내가 뭔가가 좋거나 싫을 때는, 나 자신에게 제일 먼저 물어본다. '왜 내가 그렇게 생각하는지.'

무척 개방적이고 유연한 사고의 20대 손님들조차 이런 이야기를 자주 한다.

"쟤는 남자 새끼가 대범하지 않고 너무 소심하고 찌질해!"
"여자가 너무 겁도 없고 조신한 게 없어. 여자 같지 않아!"

여자는 이런 모습이어야 하고 남자는 이런 모습이어야 알맞다는 편견을 자신들도 모르게 가지고 있다. 성장하면서 우리가 접해온 동화책, TV, 부모와 학교, 친구들과 선생님 기타 등등을 통해서 무의식중에 심어진 인식이 고정관념이 되고 편견이 되는 것이다. 성장하면서 접하는 그 모든 경험과 지식이 편견이 되지 않고 주관이고 소신이 될 수 있도록, 우리가 그 누구도 아닌 자신만의 의견에 더 세심하게 귀 기울이면 좋겠다. 대부분 그렇지 않으니까.

주관이 편견과 다른 점이 뭐냐 물으면, 주관은 자신의 소신이기에 자신에게만 해당하는 것이고, 편견은 남들도 당연히 다 자신처럼 생각하고 행동해야만 한다는 고집과 망상에 가깝다고 말하고 싶다. 주관을 가지고 살아가는 것은 중요하지만, 편견으로 살아가는 것만큼 슬픈 일도 없다. 고지식하고 강한 편견을 가진 사람들이 행복한 것을 본 적이 없기 때문이다.

그런 사람들은, 자신이 옳다고 생각하면 할수록 주변의 사람들이 점점 더 못마땅해질 테니 편할 수가 없다. 그들은 늘 화난 모습이거나 너무 진지하고 무거운 표정이 되어가고, 삶을 즐기거나 삶의 기쁨을 누리기에는 거의 불가능한 사람이 되어간다. 타인의 입장을 헤아리는 여유도 점점 사라지고 더 고집스러워지는 것이다. 그들은 웃을 때조차 즐거움이 아니라 경멸일 때가 많다. 그게 무섭다.

성별이 바뀌는 물고기가 400여 종이나 된다는 것을 알고 나서 나도 놀랐다. 수컷으로 태어나서 암컷이 되는 종류도 있고, 암컷에서 수컷이 되는 물고기뿐만 아니라 암컷에서 수컷이 되었다가 다시 암컷이 되기도 하고, 필요할 때 성전환하는 물고기도 많단다. 너무 신기했다. 만약에 사람들도 자라면서 성별이 바뀌도록 태어났으면 어떤 세상이 었을까 하고, 그러한 물고기 사진들을 보면서 생각해 본 적이 있다.

나는 트랜스젠더로 살고 있는 나를 이해하지 못하고 욕하는 사람들을 이해할 수 있다. 다만, 그 사람들이 나를 이해하지 못하는 거다. 내가 그들의 입장이 되어본 만큼, 그들이 진심으로 내 입장을 헤아려 봤을까? 수많은 사람이 뭔가를 진심으로 이해하려고 노력하기도 전에 자신의 기준으로 판단하고 정의 내린다. 그 생각의 근원은 놀랍게도 구체적인 근거도 없이 '남들도 대부분 다 그렇게 생각하니까.'인 경우가 많다.

나 역시도 마음을 열고 편견 없이 손님들을 대하려고 늘 노력하지만, 가끔은 나도 몰랐던 나의 편견에 놀라곤 한다.

허름한 옷을 입고 들어온 손님이 가장 비싼 술을 아무런 어려움 없이 계속 시킨다거나,
너무 순수해 보이기만 하는 커플이 들어와서 자신들은 SM 커플

이라며 영화에서도 보기 힘든 기이한 성생활을 자랑할 때,

　밀기만 해도 쓰러질 것만 같고 모범생처럼 공부만 했을 것 같은 사람이 전직 국가대표 유도 선수였다는 이야기를 들을 때,

　온몸에 문신한 손님이 들어와서 무서웠는데 막상 이야기 나누니 너무나도 착하고 순한 언더그라운드 가수라던가,

　디자인 회사에 다니는 일반 여자 손님인 줄 알았는데 나중에 그녀가 자신도 트랜스젠더라고 말했을 때,

　부잣집 맏며느리같이 생긴 언니가 세 번의 이혼을 하고 혼자 지낸다는 걸 알았을 때, 기타 등등 수도 없는 경험이 있다.

　그래서 사람을 쉽게 판단하지 않으려고 더더욱 노력하게 된다.

　아무런 편견 없는 세상까지는 아니어도, 편견이 무척 적어서 다양한 사람들이 자신의 개성과 취향을 마음껏 드러내고 조금 더 편안하고 당당하게 살기를 희망해 본다. 그리고 우리가 더 작아진 편견으로 너그럽게 서로를 바라볼 수 있으면 좋겠다.

　물론, 모두 다 서로 존중하고 사랑이 넘치는 이상적인 세상이 올지라도 인간은 더 나은 미래를 꿈꿀 것이다. 그것이 한계 없이 성장할 수 있고 무한한 능력을 갖추고 태어난 인간의 본성이라는 생각을 한다. 그렇게 우리는 왕성한 호기심을 가지고 끝없이 새로운 것을 만들어 내거나, 다양한 변화를 추구하면서, 끝없이 더 나은 세

상을 만들어 갈 거로 생각한다.

우리는 그만큼 대단한 존재들이니까.

22.

평범한 사람은 없다

18세기 서양에서는 본질적으로 네 가지의 성이 있다고 믿었다고 한다. 남자와 여자, 남성적 여자와 여성적 남자. 어쩌면 둘로 나누는 것보다 합리적이라는 생각이다. 하지만 우리 가게에서 6년 가까이 수많은 손님과 만나며 내가 느끼는 성별은 더 가지각색이다. 나는 이제 100명이 가게에 오면, 100개의 성별이 있고 100개의 성적 취향이 있다고 생각한다. 그게 가장 적절한 설명이고 가장 편하게 상대를 이해하는 요령이 되었다. 생물학적인 남녀 구별은 있을지라도 우리의 영혼은 애초에 그런 거 없다고 확신한다. 때로는 LGBT의 구별도 필요하겠지만, 본질적으로는 그것도 아무 의미 없다고 느껴진다. 어쩌면 개개인은 모두 성 소수자라는 생각을 하게 된다.

"한 사람은 하나의 우주와 같다."라는 말이 있다. 나는 전적으로 동의한다.

인간은 같은 공간에 있어도 다 다르게 느낀다고 한다. 같은 공간에서도 덥고, 춥고, 답답하고, 짜증 나고, 슬프고, 비참하고, 재미있고, 행복하고, 그렇게 제각각 다르게 느낀다. 모두가 동시에 즐겁다고 해도 그 정도의 차이는 어차피 다 다르기에, 결국은 다르게 느끼는 것과 마찬가지다. 결국, 한 인간이 평생 느끼는 세상은 오직 그 사람만의 세상이 된다. 그만큼, 개개인은 모두가 특별하고 독특하다. 그들 자신이 모르고 있을지라도.

모두가 각기 다른 생각을 하기에, 인류가 발전할 수 있는 것이라는 어느 인류학자의 말 또한 나는 경험으로 이해하게 되었다. 그런 다양한 개인과 개인이 만나서 우리가 되고, 서로 다른 우리가 만나서 함께 어울리는 이 공간이 그래서 나는 좋다.

우리 가게에는 의사, 간호사, 교수, 박사, 전공이 다양한 대학생들, 웹 디자이너, 패션 디자이너, 요리사, 소믈리에, 모델, 가수, 연예인, 공무원, 경찰, 소방관, 영화감독, 작가, 소설가, 건축, 인테리어 업자, 감귤농장, 벌꿀농장 사업자, 변호사, 승무원, IT업체 전문가 등등 이루 다 나열할 수 없는 사람들이 다녀갔다. 정말 다양하고 개성 있는 캐릭터들을 대하면서 식견이 넓어지고 이해가 깊어지는 걸 느

껐다. 무엇보다 나는 그들이 제각기 특별하다는 것을 머리가 아니라 가슴으로 느낄 수 있었다. 그리고 사람은 굳이 남을 이길 필요 없이, 자신이 좋아하고 잘하는 일에 관여하고 있으면 힘들어도 행복하다는 것을 배웠다.

"모든 사람은 천재다. 그러나 나무를 얼마나 잘 타고 오르는지로 물고기의 능력을 판단한다면, 물고기는 자신을 평생 어리석다고 믿으며 보낼 것이다."라고 알베르트 아인슈타인이 말했다고 한다. 그는 역시 천재인 것 같다. 나는 그의 말도 잘 이해할 수 있게 되었다.

그렇게 모두가 특별하지만, 나는 '좋은 손님한테 더 잘하자.'라는 생각을 늘 한다. 나에게 있어서 좋은 손님이란 나와 내 가게와 가게 멤버들을 좋아하는 손님이다. 아무것도 대단한 것 없는 우리를 좋게 봐주는 손님들에게 다시 한번 감사하다고 말하고 싶다. 좋은 손님들한테 잘하면, 좋은 손님들이 모이는 경험을 한다. 무조건 많이 팔아주는 손님한테 잘해주면, 다양한 진상이 모이는 경험은 예전에 이미 실컷 해봤다. 그건 아니다.

우리 가게가 다양한 손님들이 함께하며 사랑과 이별, 행복과 불행, 삶과 죽음, 다양성과 자유를 이야기하는 공간이 된 것이 나 역시도 신기하다. 나는 그들이 여기서 어떤 해결책을 얻어간다기보다는, 그들의 짐을 마음껏 내려놓고 푹 쉬다가 가는 거라고 이해한다. 그러한 배경에는 이태원이라는 열린 도시도 한몫한다.

그래서, 여러 차례 카운터펀치를 맞고 비틀거리는 이태원이라고 불리는 이 도시가 치유될 수 있다면 헌혈이라도 하고 싶은 심정이다. 자유와 다양성의 도시, 개성과 낭만의 도시, 그 도시가 활력을 되찾을 때, 우리는 조금 더 많은 자유와 다양성, 개성과 낭만에 대하여 이야기할 수 있지 않을까 싶다.

이왕이면, 흘러넘치도록 가슴에 사랑을 가득 품고 살아가고 싶다. 은근히 예민하고 소심한 구석이 있는 나는, 아직도 처음 보는 손님이 들어오면 긴장이 되기도 하지만, 상대방의 마음속 가장 깊은 곳까지 내 마음이 닿을 수 있도록 노력해 본다. 그들에게 조금의 위안과 조금의 휴식이라도 줄 수 있으면 참 좋겠다는 그런 생각으로….

내겐 너무 예쁜 손님들,

난 이렇게 다양하고 소중한 사람들이 우리와 함께 살고 있다는 것을 알리고 싶었다. 나만 알고 살기엔 너무 아깝다는 생각이 들어서 참을 수가 없었다.
이 책의 내용이 트랜스젠더가 쓴 유별난 사람들의 이야기가 아니라, 평범한 사람이 쓴 따듯한 사람들의 이야기로 기억되기를 다시 한번 희망해 본다.

오늘 가게는 바쁘지 않았다.
세 팀의 단골손님들이 와서 편안하게 술을 마시고 편안하게 놀다 간 게 전부였다.
가게 문을 닫고 나오는데, 주미가 옆에서 환하게 웃으며 말했다.

"오늘도 괜찮았어! 내일이 또 궁금해지네."

- THE END -

내겐 너무 예쁜
손님들

초판 1쇄 발행 2023. 11. 17.

지은이 문주현
펴낸이 김병호
펴낸곳 주식회사 바른북스

편집진행 김재영
디자인 배연수

등록 2019년 4월 3일 제2019-000040호
주소 서울시 성동구 연무장5길 9-16, 301호 (성수동2가, 블루스톤타워)
대표전화 070-7857-9719 | **경영지원** 02-3409-9719 | **팩스** 070-7610-9820

•바른북스는 여러분의 다양한 아이디어와 원고 투고를 설레는 마음으로 기다리고 있습니다.

이메일 barunbooks21@naver.com | **원고투고** barunbooks21@naver.com
홈페이지 www.barunbooks.com | **공식 블로그** blog.naver.com/barunbooks7
공식 포스트 post.naver.com/barunbooks7 | **페이스북** facebook.com/barunbooks7

ⓒ 문주현, 2023
ISBN 979-11-93341-83-4 03810

•파본이나 잘못된 책은 구입하신 곳에서 교환해드립니다.
•이 책은 저작권법에 따라 보호를 받는 저작물이므로 무단전재 및 복제를 금지하며,
이 책 내용의 전부 및 일부를 이용하려면 반드시 저작권자와 도서출판 바른북스의 서면동의를 받아야 합니다.